elefante

CB026798

elefante

conselho editorial
Bianca Oliveira
João Peres
Tadeu Breda

edição
Tadeu Breda

assistência de edição
Carla Fortino
Luiza Brandino

preparação
Natalia Engler

revisão
Laila Guilherme

diagramação
Denise Matsumoto

projeto gráfico
Leticia Quintilhano

capa & direção de arte
Bianca Oliveira

bell hooks

tradução
Jess Oliveira

escrever além da raça

teoria e prática

*para James Hillman,
companheiro amado*

prefácio à edição brasileira

mais que racializar a escrita
Alex Ratts

A publicação de alguns textos de bell hooks no Brasil, em meados da década de 1990, aconteceu aos poucos, via ensaios recepcionados nos campos de estudos de relações raciais e de gênero, do feminismo negro e da teoria *queer*. Antes dela, poucas autoras negras dos Estados Unidos tinham obras literárias e não ficcionais traduzidas. Era o caso de Toni Morrison e Alice Walker, escritoras premiadas e que tiveram obras adaptadas para o cinema. Com exceção de Carolina Maria de Jesus, autoras negras brasileiras não eram assiduamente publicadas fora de circuitos artísticos, acadêmicos e militantes.

O cenário contemporâneo é bastante diferente e, antes de adentrar em mais um de seus instigantes livros, considero necessário estabelecer correlações entre bell hooks e outras intelectuais ativistas para situá-la em seu tempo/espaço e não incorrer em uma leitura individualista da autora e de alguns dos seus trabalhos. Por mais diferenciada que seja no que se refere à sua grande popularidade, trazendo à tona tema incitadores, a exemplo da intersecionalidade entre raça, gênero e classe e a interligação entre racismo, sexismo e elitismo, uma escritora negra não pode ser vista, lida e analisada somente pelo viés da exceção.

Nascida no sul dos Estados Unidos quase uma década depois da Segunda Guerra Mundial, no período em que eclodiram os movimentos pelos direitos civis, bell hooks participou de mobilizações antirracistas e feministas. Com formação acadêmica e docência inicial em literatura inglesa, exerceu o ensino em diversas, mas concatenadas, áreas de estudo — étnicos, afro-estadunidenses e de mulheres —, com ênfase na tríade raça, gênero e classe, no feminismo e nas mulheres negras.

É relevante dizer que Toni Morrison e Alice Walker também tiveram atuação universitária dentro do mesmo arco temático, assim como outras menos conhecidas entre nós, a exemplo de Barbara Christian, o que indica a projeção de mulheres negras intelectuais ativistas no território discursivo racial e feminista em que hooks se apresenta. Ao menos um escritor e militante — James Baldwin —, traduzido ao português nos anos 1970 e 1980, versou sobre esses temas em ensaios e obras ficcionais.

Entre a intelectualidade negra dos Estados Unidos, o exercício de falar e escrever sobre a temática racial, de uma maneira coletiva e com pessoalidade, teve uma inflexão desde os conturbados e férteis anos 1960. Comumente bell hooks aciona essas referências individuais, coletivas e temporais, presentes em seus livros desde os anos 1980, como *E eu não sou uma mulher? Mulheres negras e feminismo* (1981) e *Erguer a voz: pensar como feminista, pensar como negra* (1989). Essa postura permeia toda sua obra, incluindo este livro.

hooks ampliou a trama de sua escrita, que, por sua vontade, é destinada a "todos". Ao mesmo tempo, é também portadora de uma bagagem cultural específica, dirigida a determinados círculos que têm, aliás, limites superpostos. No que diz respeito à sua produção intelectual, isso implica uma recepção diferenciada de experiência educacional, cultural e espacial, o que, no Brasil, sobretudo nas grandes cidades, remete a pessoas e coletividades que parecem próximas, mas têm distanciamentos e assimetrias.

A autora tem livros direcionados a determinado tema — feminismo, educação, amor — e outros de repertório diverso, mas centrados em díades — raça e representação visual, raça e masculinidade — e tríades — raça, gênero e classe: é esse o caso de *Escrever além da raça*.

Por ofício, hooks é conhecida como crítica cultural, voltada para certos setores das artes em escala comercial — literatura (ficcional e não ficcional), televisão e cinema —, o que se pode ver em *Anseios: raça, gênero e políticas culturais* (1990). Retomadas dessa escrita incidem aqui em vários capítulos.

É necessário ressalvar que bell hooks orienta suas reflexões para a sociedade estadunidense, o que, entretanto, não representa nenhum entrave para a recepção de suas ideias no Brasil. São duas nações de origem colonial, passado escravista, patriarcais, marcadas por racismo e sexismo. Entre as diferenças, além da conhecida proeminência dos Estados Unidos no mundo, notoriamente após a Segunda Guerra Mundial, os processos de emancipação negra são distintos, sem que caiba qualquer consideração de atraso ou avanço. Na geografia do conhecimento, estando o país de origem da autora situado no Norte global, pessoas e coletividades negras acadêmicas/militantes, sobretudo feministas negras, antecedentes ou proponentes da intersecionalidade, alteram esse mapa e podem ser aproximadas aos grupos semelhantes da Afro-América-Latina.

Após três décadas de ampliação e aprofundamento desse temário, bell hooks trouxe à luz esta coletânea de ensaios, na qual um repertório presente em trabalhos anteriores recebe novo enfoque. A ideia de "escrever além da raça" talvez pareça um sinal de distanciamento ou superação, algo pouco ou nada imaginável em uma sociedade colonialista e racista. No entanto, o subtítulo chama a atenção para o exercício cotidiano de pensar/agir.

Uma das práticas centrais propostas pela autora é a observação intersecionada de raça, gênero e classe e dos sistemas interligados de dominação (expressão usada por ela em várias obras) — racismo, sexismo e classismo —, acrescentando, por vezes, mais alguma dimensão de opressões. Como crítica cultural especializada nessas áreas, sua ideia é fazer a análise de trajetórias políticas, livros e filmes de grande repercussão no mercado dos Estados Unidos, uma sociedade racializada e sexualizada que raramente enxerga esses produtos culturais através de lentes intersecionais.

Os ensaios de *Escrever além da raça* podem ser lidos individualmente e às vezes em dupla, quando os temas estão encadeados. Sem estabelecer maiores distinções, é possível identificar três ou quatro conjuntos de capítulos. Os cinco primeiros introduzem algumas balizas para temas que serão retomados até o final da leitura. Desde o início, a autora relembra um contexto em que a teoria feminista e a crítica cultural pautavam a superação das dominações. Ela identifica uma interposição de fronteiras de comunicação e sinaliza que, em virtude de assimetrias de classe, há problemas de compartilhamento da identidade negra após o processo de integração racial.

Nesse sentido, a autora questiona o discurso público concernente a raça e, no caso deste livro, o desafio de escrever sobre o assunto. Mesmo para quem envereda por esse percurso, a diferenciação entre racismo (incluindo raça) e supremacia branca (expressão tantas vezes evitada) é uma provocação no horizonte do discurso público e, mais especificamente, nos campos correlatos de imagem e linguagem, com foco em literatura, televisão e cinema.

Ainda que aponte várias ordens de problemas no arco do "patriarcado supremacista branco capitalista imperialista", bell hooks, partícipe de uma intelectualidade ativista, feminista e antirracista, se mostra preocupada com a possibilidade de perspectivas adequadas e, em última instância, com a superação do racismo, a (re)constituição da noção de comunidade e o exercício do amor, segundo certas linhas de tensão social. Para ela, é imperativo ressaltar que raça, gênero e classe não se resumem a temas ou tópicos.

Os capítulos iniciais dedicam-se à nomeação do racismo, às relações raciais entre mulheres e à responsabilização perante a supremacia branca e o patriarcado. Passadas décadas de mobilizações e algumas alianças, do silêncio à negação do problema racial, chegamos ao ponto em que falamos dessas questões, mas ainda enfrentando obstáculos no discurso das instituições públicas e contingências no espaço acadêmico. Em tempos de falar e escrever amplamente sobre raça, há quem tenha restrições e quem insista diante de um quadro de assimetrias.

Nesse horizonte, ninguém é uma folha em branco. O que acontece é o predomínio de estereótipos e de barreiras nem sempre explicitadas, suscitando o exercício de falar e escrever com qualidade, fundamento e propósito de transformação social. Portanto, é preciso nomear os processos — racismo, patriarcado — e desenvolver uma linguagem adequada para abordá-los. Há uma expectativa de que, nos mais diversos âmbitos — educacionais, políticos, econômicos, culturais, artísticos —, o incomum seja não reconhecer o mosaico das diferenças e desigualdades etnicorraciais e de gênero.

O que a autora denomina "cenário racializado comum" não recai sobre os grupos sociais da mesma forma. O elogio da brancura vai da infância à representação de intelectualidade e poder. A negritude, com raras exceções, fica entre a ausência e o estereótipo negativo. A ascensão econômica é confundida em parte com liberdade.

Ainda nos ensaios iniciais, hooks traz a diversidade — racial, cultural etc. — enquanto princípio básico da convivência social, alertando que ela não se configura como mera justaposição de diferenças. Trata-se de um tema ao qual a autora se dedica, posto que a diversidade tornou-se uma chave de operação institucional, algo que acontece também no Brasil.

Em tempos de crescimento e diversificação das autorias negras e não brancas no mercado editorial estadunidense (tal como no brasileiro), é importante observar o que a autora apresenta acerca da negação ou recepção em determinados vieses dessas textualidades. Para ela, o discurso público sobre raça nos Estados Unidos é visto como uma concorrência entre homens. Diante disso, bell hooks mais uma vez traz à tona a relevância do movimento feminista para as transformações sociais do país e interpõe a questão das relações raciais entre mulheres, sobretudo entre brancas e negras. A autora chama a atenção para "pessoas do sexo masculino" que não denunciam o patriarcado. Desde os livros da década de 1980, hooks alerta que o pensamento feminista se destina igualmente aos homens. Foi assim que alguns entre nós enveredamos (mais ainda) por esses horizontes de estudo e militância.

Ao longo da leitura, o verbo racializar vai se tornando comum, mas jamais simples, posto que a raça inscrita no texto vem associada a trauma, supremacia, expectativas de transformação e ao amor, também nada simplificado, porque emerge e transcorre nesse horizonte.

Por vezes, bell hooks aponta nomes e problemas que dizem respeito diretamente à comunidade negra. É o caso de comentários acerca da produção cinematográfica de Spike Lee, cujo filme *Ela Quer Tudo* (1986) já havia sido referenciado em um dos capítulos de *Erguer a voz*. Aqui, a obra do diretor e roteirista reaparece, com elogios a *Quatro Meninas* (1997).

A contundente crítica cultural de livros e filmes é tema de muitos dos ensaios presentes em *Escrever além da raça*. Alguns capítulos se dedicam a determinado livro e sua correspondente adaptação cinematográfica. É o caso de *A resposta* (2009), romance de Kathryn Stockett, adaptado para o cinema como *Histórias Cruzadas* (2011), com direção de Tate Taylor. Filme e livro tornaram-se bastante populares nos Estados Unidos e também no Brasil. A história, propagandeada como uma representação supostamente adequada da questão racial e negra, narrada do ponto de vista de mulheres brancas e negras no período segregacionista, é, na realidade, a visão de uma jornalista branca que delineia representações estereotipadas de patroas e empregadas, encapsuladas em imagens limitadas por cor, compleição física e hábitos.

Outro título de grande audiência nos cinemas e analisado neste livro é *Crash: No Limite* (2004), tarefa que bell hooks realiza em dupla, estabelecendo um longo diálogo com a cineasta Gilda Sheppard. Ambas recuperam a produção e a reprodução de imagens negativas de pessoas negras e de outros segmentos étnicos, raciais e religiosos. hooks, que se volta mais para a relação entre o filme e a sociedade, com as clivagens de raça, gênero e classe, indica que *Crash*, situado em Los Angeles, foi apresentado como um longa-metragem no qual as diferenças teriam lugar. No entanto, de um roteiro marcado por violências de várias ordens, o que resta é o patriarcado e a supremacia branca. Sheppard, por sua vez, ressalta questões imagéticas, detendo-se nos processos de construção das personagens. hooks e Sheppard analisam ainda *Preciosa* (2010), filme dirigido por Lee Daniels, adaptação cinematográfica de *Push* (2009).

Também é alvo de crítica o livro *Malcolm X: uma vida de reinvenções* (2011). Trata-se de uma biografia do líder político Malcolm X escrita pelo historiador Manning Marable, a quem ela dirige críticas categóricas, sobretudo por ter o autor se centrado mais na pessoalidade de Malcolm X, a exemplo de aspectos de sua sexualidade (problemas no casamento e o relacionamento com outro homem), com pouca ou nenhuma correlação com os processos sociais que marcam a vida do líder e da população negra nos Estados Unidos. Marable questiona veementemente a biografia feita pelo escritor Alex Haley (1964), base do filme de Spike Lee, lançado em 1995.

A autora se detém em trabalhos biográficos, jornalísticos e cinematográficos que focalizam raça e gênero e são constituídos entre tramas que parecem denúncias ou anúncios pertinentes à vida de pessoas negras, mas resvalam para o ato de "comer o outro", como ela mesma denomina em *Olhares negros: raça e representação* (1992). De fato, trata-se de um mecanismo de representação delineado em imagens e na linguagem, repleto de artifícios da combinação entre racismo e sexismo. Contudo, ela menciona estudos feitos e escritos por mulheres negras ou que advém de autorias solidárias que possibilitam ampliar nossa perspectiva crítica.

É notória a persistência de imagens negras negativas e dos efeitos psíquicos do racismo, até mesmo para quem ascende economicamente. No decorrer da leitura, uma pergunta reverbera:

como inscrever a raça se esta tem lugar estrutural na sociedade estadunidense, imbricada com gênero e classe, mas é distorcida, soterrada, desviada? Um caminho adequado, segundo hooks, é questionar a linguagem e as imagens, que devem ser lidas, vistas e interpretadas nos contextos e processos de uma sociedade patriarcal supremacista branca capitalista imperialista.

Embora pareça usar o imperativo, a autora não elabora nenhum manual. De um lado, exercita a crítica redobrada a quem se furta a enfrentar os "sistemas interligados de opressão" e, de outro, elege autorias e obras, livros ou filmes, ficcionais ou não, cuja qualidade reside em reconhecer as vozes subalternizadas com suas marcas feitas de densidade e refinamento enquanto experiência humana.

bell hooks tem por hábito fazer muitas indicações para o trato das diferenças, com base em vivências e referências, tendo por fundamento processos históricos, contextos sociais e trajetórias pessoais. Trata-se de uma postura de quem tem camadas e camadas de observação, escrita, fala e ativismo. Sua linguagem faz uso de inserções da coloquialidade e de um léxico próprio, tendo em vista uma sociedade multiétnica e multirracial. O relato pessoal abarca memórias coletivas, algo bastante comum nas textualidades negras e feministas, sendo lido como parte do arcabouço teórico-político.

O penúltimo capítulo, que dá nome a este livro, se inicia com a seguinte frase: "Minha casa é o único lugar onde não existe raça". Esse aparente paradoxo carrega intrincadas distinções: ela se vê como mulher negra no espelho, mas não necessariamente se racializa, não cede à fixidez da raça colada ao corpo que igualmente se modifica.

Nós que lemos, estudamos e divulgamos parte de sua obra, não precisamos concordar com esta ou aquela afirmação de bell hooks. O jogo de espelhos entre duas sociedades e a possibilidade de aproximação da autora com escritoras negras brasileiras, como suas contemporâneas Luiza Bairros e Sueli Carneiro, é um dos campos de análise mais férteis. No nosso país, ficam indagações ao exercício de escrever a raça: quais os meios para ultrapassar a linha da invisibilidade política ou das notícias episódicas do genocídio negro nas áreas urbanas, sobretudo metropolitanas, do país? Como compreender os mecanismos do epistemicídio negro-africano no espaço acadêmico para projetar experiências de contraposição?

Para uma parte do público leitor, a textualidade fluida e certeira que hooks imprime em livros com repertório semelhante ao deste pode ser interpretada como um discurso "suave" diante de tensões tão prementes. No entanto, o problema está no terreno social dessa escrita, política e quase poética, marcada por agudeza e nitidez. Não há anúncio de um tempo pós-racial ou da superação das desigualdades de classe. Há, sim, mais páginas libertárias advindas de vozes conectadas a grupos e segmentos colonizados e subalternizados. As agressões a pessoas negras diante das câmeras e a notória ausência da negritude na direção de escolas, universidades, partidos, empresas e órgãos públicos constituem um recorrente sinal de alerta.

Contra os sistemas de dominação, hooks interpõe a esperança e o amor, que têm sentidos políticos. Ao escrever sobre o amor, ela vai da esfera pessoal à social, passando por várias escalas, acrescentando dimensões coletivas, a exemplo dos movimentos e das comunidades. Nesse ponto, vem à tona uma de suas principais referências: o líder político e religioso Martin Luther King.

Uma convocação emanada de pessoas de referência que lhe antecedem, Malcolm X entre elas, é para o processo de descolonizar mente e corpo. A desconstrução/reconstrução é para "todos", o que transparece na citação de James Baldwin, uma das balizas da escrita de hooks: "O artista negro ainda está em luta contra a imagem que o homem branco criou do negro, à qual o homem branco se apega para não ser forçado a revisar a imagem de si mesmo".

Não pudemos contar com a presença de hooks no Brasil. Que rumo teriam suas falas, suas conversações? Seriam animadas e certeiras, à maneira dos diálogos que teve com a atriz Laverne Cox e com o filósofo Cornel West? Nossa avidez pelos textos de bell hooks prossegue após sua recente partida, indicando que seus ditos e escritos não se tornarão páginas viradas. Buscas, leituras, estudos e intervenções continuarão portando seu traço pleno de acuidade e sagacidade.

Alex Ratts é mestre em geografia, doutor em antropologia pela Universidade de São Paulo (USP) e professor na Universidade Federal de Goiás (UFG). Publicou *Eu sou atlântica: sobre a trajetória de vida de Beatriz Nascimento* (Imprensa Oficial e Instituto Kwanza, 2006) e, com Flavia Rios, escreveu a biografia *Lélia Gonzalez* (Selo Negro, 2010). Com Bethânia Gomes, organizou *Todas (as) distâncias: poemas, aforismos e ensaios de Beatriz Nascimento* (Ogum's Toques Negros, 2015). É organizador da coletânea *Uma história feita por mãos negras: relações raciais, quilombos e movimentos* (Zahar, 2021), com textos de Beatriz Nascimento. Estuda trajetórias e territorialidades negras intersecionadas em raça, gênero e espaço. É ativista e poeta.

introdução

Nos últimos anos, meu trabalho tem se debruçado sobre o papel do amor no combate à dominação. Contemplar os fatores que levam as pessoas a lutar por justiça e a se empenhar em construir uma comunidade me instigou a pensar criticamente sobre o lugar do amor. Não importa se a questão é acabar com o racismo, o machismo, a homofobia ou o elitismo de classe — quando entrevisto pessoas sobre o que as leva a superar o pensamento e a ação dominadores, elas invariavelmente falam de amor, de aprender a aceitar as diferenças em alguém com quem se importam. Falam do enorme desafio de desejar a conexão e a união com alguém radicalmente diferente ou que tenha convicções e opiniões tão distintas que represente uma fonte de estranhamento e conflito, a tal ponto que apenas uma contínua vigilância crítica e cuidadosa pode garantir o contato duradouro. Para muitos desses indivíduos, o que os tem impulsionado na direção do pensamento crítico e da mudança é o envolvimento ativo com movimentos que lutam pelo fim da dominação.

Quando a teoria feminista e a crítica cultural privilegiaram o fim da dominação, desafiando todos nós a ultrapassar as barreiras criadas pela diferença racial, de gênero, de classe, sexual e/ou religiosa, pelo menos durante algum tempo pareceu que entraríamos em um admirável mundo novo, onde as diferenças poderiam ser compreendidas e acolhidas, onde todos procuraríamos aprender com o "outro", quem quer que ele fosse. Toda essa teoria a respeito de cruzar fronteiras, de encontrar um modo de "pegar um pouquinho do outro", não alterou fundamentalmente a natureza da cultura de dominação. Nossa teoria era muito mais progressista e inclusiva em sua visão do que nossas práticas cotidianas. Em nosso dia a dia, todos enfrentamos barreiras de comunicação — hierarquias divisionistas que tornam nossa união difícil, para não dizer impossível. Muitos de nós achávamos mais fácil nomear o problema e desconstruí-lo, e, no entanto, era difícil criar teorias que nos ajudassem a construir comunidade, a atravessar fronteiras com a intenção de permanecer verdadeiramente conectados em um espaço de diferença por tempo suficiente para sermos transformados.

Os discursos públicos sobre raça e gênero criaram novos modos de pensar e saber. Falar de classe e sobre as muitas maneiras em que diferenças de classe separam grupos tem sido bem mais difícil. O posicionamento e o status de classe tendem, com frequência, a nos conectar mais intimamente ao sistema econômico dominante e a suas hierarquias correspondentes. Por exemplo: é muito mais provável que uma pessoa branca crie vínculos com uma pessoa negra quando ambas compartilham um estilo de vida em comum. É muito menos provável que uma pessoa materialmente próspera estabeleça vínculos com alguém pobre e indigente. Um dos assuntos mais difíceis e delicados de discutir entre afro-estadunidenses é a realidade das diferenças de classe, de forma geral e entre nós. A posição central que a raça vem ocupando em nossos discursos políticos tem, muitas vezes, ofuscado o modo como disparidades de classe desestabilizam noções de unidade racial. E, no entanto, associadas à integração racial, essas diferenças criaram um contexto cultural no qual o próprio sentido da negritude e seu impacto em nossa vida variam muito entre pessoas negras. Não há mais uma noção comum de identidade negra compartilhada.

Em outras palavras, um senso de identidade compartilhada já não é uma plataforma capaz de aproximar as pessoas de maneira significativamente solidária. Ao lado da classe, questões de gênero e consciência feminista serviram para posicionar pessoas negras em campos distintos, criando conflitos que só podem ser resolvidos por meio da educação para a consciência crítica. Há ainda as práticas religiosas em transformação. Em nosso país, houve um tempo em que se supunha que toda pessoa negra era cristã ou que, pelo menos, vinha de uma família cristã. Não é mais o caso. Hoje, crianças negras têm acesso a diversas práticas religiosas. Algumas são criadas em tradições muçulmanas e budistas, sem conhecimento do credo cristão. E, mais do que nunca, a juventude negra tem escolhido não seguir nenhuma religião. Consequentemente, a linguagem teológica compartilhada, que outrora serviu de base para a comunicação e a conexão, não é mais um pressuposto.

Muitas dessas mudanças na natureza da identidade negra são uma consequência direta da integração racial. Antes, a maior parte das pessoas negras instruídas, especialmente aquelas com diplomas de nível superior, era educada dentro de um contexto pedagógico segregado similar e mais do que propensa a partilhar de uma mesma mentalidade. Foi a movimentação política que permitiu maior mobilidade de classe, possibilitando que pessoas negras materialmente prósperas deixassem comunidades historicamente negras e vivessem em outros lugares. A abertura de possibilidades educacionais levou à formação de classes de indivíduos negros com históricos de instrução radicalmente diferentes, perspectivas e valores diversos, além de tendências políticas variadas. Por conseguinte, a união entre pessoas negras (mesmo dentro de famílias sem diferenças de classe expressivas) se tornou mais difícil.

Apesar das diferenças de classe, as pessoas brancas, como um grupo, mantêm (consciente ou inconscientemente) algum grau significativo de união, a despeito da diversidade de pontos de vista. O pensamento supremacista branco continua a ser a cola invisível e visível que mantém pessoas brancas conectadas, independentemente de várias outras diferenças. Politicamente, o pensamento supremacista branco foi criado para servir a esse propósito. Gravado na consciência de toda criança branca já no nascimento e reforçado pela cultura, o pensamento supremacista branco tende a funcionar de maneira inconsciente. Essa é a principal razão pela qual é tão difícil desafiá-lo e transformá-lo.

Para falar aberta e honestamente sobre raça nos Estados Unidos, é útil começar com a compreensão de que o pensamento e a prática da supremacia branca são o fundamento político subjacente a todos os sistemas de dominação baseados na cor da pele e na etnicidade. Ao descrever o sistema político em que vivemos nos Estados Unidos, uso com frequência a complexa frase *patriarcado supremacista branco capitalista imperialista*. Essa frase é útil porque não prioriza um sistema em detrimento de outro, mas nos oferece uma maneira de pensar sobre os sistemas interligados que trabalham juntos para defender e manter culturas de dominação.

No entanto, falando e escrevendo sobre esses sistemas há mais de trinta anos, compreendi que a maioria dos cidadãos estadunidenses resiste à noção de que esta é uma nação fundada e colonizada sobre as bases do pensamento e da ação supremacista branca. Ainda assim, como nação, sempre tivemos um discurso público sobre raça e racismo. E, quando líderes do nosso país pediram um diálogo nacional acerca dessas questões, houve pouca resistência. Os Estados Unidos foram colonizados e fundados por uma política supremacista branca que exigiu incontáveis reflexões, escritos e discussões sobre raça. Pessoas brancas de todos os lugares e classes, falando todos os tipos de língua, migraram para cá na esperança de criar para si uma vida melhor, mais próspera e livre. A maior parte delas, coletivamente, aceitou uma identidade nacional baseada nas ficções de raça e racismo criadas pelo pensamento e pela ação da supremacia branca. O vínculo com base na branquitude compartilhada serve de alicerce para um senso de significados, valores e propósitos compartilhados. Com o apelo para preservar a branquitude, a colonização imperialista se tornou o sistema de crenças que apoiou o genocídio de nativos indígenas, o roubo descarado de suas terras e a criação de reservas segregadas. Apesar da presença de indivíduos africanos que chegaram ao chamado novo mundo antes de Colombo — como documenta a obra seminal de Ivan Van Sertima, *They Came Before Columbus* [Eles vieram antes de Colombo] —, o pensamento e a ação da supremacia branca aceitaram a escravização de negros africanos, apoiando sua exploração e sua opressão brutais.

Vivendo muito próximos de pessoas negras escravizadas, dependendo delas para lhes servir de forma obediente e subserviente, os dominadores brancos precisavam de uma modalidade psicológica de colonização que mantivesse cada um no seu lugar, que ensinasse a todos sua posição na hierarquia racial que o pensamento e a prática da supremacia branca buscam estabelecer. Naquele momento, as noções de supremacia branca eram fluidas e mudavam constantemente para atender às necessidades dos colonizadores brancos dominadores. Quando a lógica supremacista branca decretou todas as pessoas negras como doentes e impuras, essa linha de pensamento teve de ser um pouco modificada, para deixar espaço suficiente apenas para que se considerasse aceitável que algumas pessoas negras cozinhassem para proprietários brancos e cuidassem de seus filhos. Quando a lógica supremacista branca decretou que o cérebro de pessoas negras era menor que o das brancas, tornando-as intelectualmente inferiores, e então um gênio negro bem-educado se revelava, era preciso haver espaço para exceções dentro da teoria da superioridade branca. Um dos aspectos impressionantes da lógica supremacista branca tem sido, sem dúvida, a fluidez, a capacidade de se ajustar e se transformar de acordo com a necessidade e a circunstância.

Ao longo de todo o século XIX e início do XX, diálogos sobre a supremacia branca eram comuns. Poucas pessoas brancas achariam estranho o silêncio sobre o assunto. No entanto, falar de supremacia branca em nossa sociedade é considerado não apenas um tabu, mas também irrelevante. Quando tratado abertamente, sempre há um ouvinte ávido a insistir que o termo *supremacia branca* tem pouco significado nos Estados Unidos hoje em dia, que se trata de uma realidade extrema demais para ser relevante nas discussões sobre raça e racismo.

Quando eu falo com vários públicos sobre o patriarcado supremacista branco capitalista imperialista, o aspecto que os indivíduos mais resistem a reconhecer nesses sistemas políticos interligados é a supremacia branca. E, no entanto, se não pudermos culturalmente aceitar o modo como o pensamento e a prática da supremacia branca elucidam aspectos de nossa vida, independentemente da cor da pele, nunca conseguiremos ir além da raça. Ao contrário da raça e do racismo, que não prejudicam abertamente as massas de pessoas de maneira que cause danos diretos, a supremacia branca é a ideologia dissimulada que é a causa silenciosa do dano e do trauma. Pense nas crianças negras, tanto ricas quanto pobres, que assistem por longas horas a uma televisão que imprime em sua mente jovem a noção de que branco é bom e preto é ruim. Nos Estados Unidos, de forma geral, pais que imaginam ter ensinado uma postura ativamente antirracista ficam chocados quando descobrem que seus filhos nutrem intensos sentimentos antinegros. Esse é apenas um exemplo. Outro pode ser o casal inter-racial em que o indivíduo branco proclama seu amor imortal por um parceiro negro e, logo em seguida, fala sobre sua crença de que pessoas negras são intelectualmente inferiores. Não se trata de uma expressão de preconceito racial convencional. No entanto, ela nos lembra de que alguém pode ser íntimo de pessoas negras, afirmar até mesmo nos amar e, ainda assim, manter atitudes supremacistas brancas em relação à natureza da identidade negra.

Pensar na supremacia branca como a base da raça e do racismo é crucial, porque nos permite enxergar mais do que a cor da pele. Permite que olhemos para todas as incontáveis maneiras como nossas ações podem estar impregnadas pelo pensamento supremacista branco, independentemente de nossa raça. Sem dúvida, a raça e o racismo nunca se tornarão desimportantes se não conseguirmos reconhecer a necessidade constante de desafiar a supremacia branca. Quando os estudos culturais criaram um contexto no qual a questão da branquitude e do privilégio branco pudesse ser estudada e teorizada, uma nova maneira de pensar e falar sobre raça parecia estar surgindo. Embora estudiosos tenham escrito muito sobre o privilégio branco, nem sempre se esforçaram para mostrar a relação entre noções subjacentes de supremacia branca e privilégio branco. A hiper-racialização da branquitude fez parecer, então, que os temas principais eram a pele branca e os privilégios que ela permitia, e não os modos supremacistas brancos de pensar e agir, expressos por pessoas de todas as cores de pele. É muito provável que a recentralização da branquitude tenha ajudado a silenciar teorias e práticas necessárias para que possamos, de fato, como nação, aprender a nos livrar do racismo.

De maneira similar, o foco feminista no gênero, que inicialmente forneceu insights maravilhosos sobre a natureza do patriarcado e deu esperança àquelas que lutavam para acabar com a exploração e a dominação machistas, foi rapidamente usurpado por um foco despolitizado no gênero. Muitos trabalhos atuais voltam-se para a raça e para o gênero, mas não de um ponto de vista feminista ou antirracista. Essa é uma tendência profundamente perturbadora. Há um clima crescente de frustração e desespero entre aquelas de nós que passamos a vida pensando e escrevendo de maneira crítica sobre meios de transformar tanto nossa vida individual quanto nossa sociedade, em busca de desafiar e alterar os sistemas de dominação. Sentimos que estamos constantemente desconstruindo e estabelecendo as bases para alternativas sem fazer as intervenções necessárias no cotidiano das pessoas, o que é necessário para que nossa sociedade seja totalmente transformada.

De modo significativo, nos últimos dez anos tem havido tantos cortes em faculdades e universidades que o anseio pela diversidade de professores e funcionários não só não está acontecendo, como é improvável que venha a acontecer. Em muitas instituições, quando os empregos aparecem, as hierarquias convencionais de raça e gênero tomam conta do lugar. Isso faz muitos pensadores críticos ressaltarem a importância de incentivar todos a aprender novos pontos de vista, a se envolver em pensamentos e ensinamentos menos tendenciosos. O fardo de aprender novos pontos de vista não deveria ter sido colocado apenas nos ombros das pessoas de cor.[1] Necessitamos, o tempo todo, de intervenções que ajudem todos nós a entender melhor o modo como os sistemas interligados de dominação trabalham juntos.

O conjunto variado de ensaios em *Escrever além da raça* emerge dos meus esforços de examinar os modos como se escreve e se fala, hoje, sobre raça, gênero e classe. Depois do auge dos estudos feministas e culturais, esferas nas quais, durante algum tempo, novos caminhos foram abertos e discussões radicais de pontos de vista não enviesados foram colocadas em evidência, esses discursos não estão mais na vanguarda de nossa consciência. Ao mesmo tempo que os temas de raça, gênero e classe ainda são discutidos, eles também estão cada vez mais apartados de debates sobre o fim de perspectivas enviesadas e, portanto, correm o risco de se tornar meros

---

1. Nos Estados Unidos, país de origem da autora, o termo "pessoas de cor" (do inglês *people of color*) é atualmente uma expressão sem cunho pejorativo e engloba negros, marrons, latino-americanos, indígenas, muçulmanos etc. [N.E.]

tópicos de investigação sem relação com o aprendizado transformador ou com a mudança prática.

Nestes ensaios, concentro a atenção em questões de responsabilidade, ponto de vista e supremacia branca. Especificamente, examino aquelas produções culturais que aparentam abordar tópicos de raça, gênero e classe, enquanto meramente reinscrevem ideologias de dominação. Sem intenção de apenas pintar uma imagem desanimadora da situação atual, discuto, em vários destes textos, o que permite que nos conectemos, superando diferenças, e enfatizo os padrões de mudança positiva. Sobretudo, estou tentando pensar e escrever além dos limites que nos mantêm hiper-racializados. Encontrar uma maneira de ir além da raça não é apenas a meta do pensamento crítico, é o único caminho para a longevidade emocional, o único caminho verdadeiro para a libertação.

01.
racismo:
nomear a dor

Em nosso país, num momento em que nunca houve tantas pessoas se atrevendo a "conversar" sobre raça, muitos de nós que temos falado e escrito sobre o assunto há anos estamos estranhamente silenciosos. Alguns de nós não querem ser ouvidos compartilhando que "estão absolutamente fartos de falar sobre raça". Outros, ainda, se perguntam sobre a relevância das conversas quando as coisas continuam as mesmas, quando os discursos de raça aceitáveis no nosso país estão indissociavelmente amarrados às práticas normalizadas do racismo e da supremacia branca. Ao contrário da crença popular de que as pessoas acham difícil falar sobre raça, a verdade é que a maioria delas faz isso o tempo todo, e um dos modos como o racismo cotidiano marcou a vida de pessoas negras/de cor foram os muitos comentários entreouvidos que são expressões manifestas de discursos de ódio. Por toda parte ouvem-se estereótipos negativos e mensagens explicitamente racistas em abundância. A eleição de um presidente negro apenas retirou esses estereótipos do armário e os tornou mais públicos. Fazer comentários racistas se tornou mais aceitável para todos, sobretudo quando ocorrem em uma atmosfera na qual ouvimos, aos quatro ventos, que o racismo não existe mais.

Quando as pessoas insistem que o racismo acabou, o que em geral querem dizer é que pessoas negras/de cor ganharam, por meio de leis e práticas antidiscriminatórias, direitos civis suficientes para que não estejamos mais sujeitos ao constante terrorismo racial nem a punições brutais ostensivas com base na raça. Há um grande paradoxo da relação do nosso país com a raça: se você fosse de porta em porta perguntando a todas as pessoas brancas se o preconceito racial ainda é um problema, elas diriam que sim. Se perguntasse, então, se esse preconceito afeta de forma negativa as pessoas negras mais do que outros grupos, a maioria provavelmente diria que não. E, se a conversa continuasse, poderiam até declarar que há pouquíssimo preconceito antinegro. Não é que cidadãos estadunidenses brancos médios não entendam que o racismo está vivo e passa bem — simplesmente acreditam não ser mais uma ameaça significativa para o bem-estar de qualquer pessoa. Com esse sentimento (que não é baseado em fatos nem em estudos), uma grande maioria de pessoas brancas simplesmente acredita que pessoas negras receberam ganhos e recompensas que não mereciam, e que essa suposta realidade de ter recebido muitos benefícios equilibra o placar e anula qualquer injustiça racial passada e presente. De fato, com que frequência, em todas as classes sociais, pessoas negras ouvem outros grupos, especialmente brancos, dizerem que "estão cansados e fartos de ouvir pessoas negras se queixarem de racismo, que não suportam as lamúrias, que pessoas negras são suas próprias piores inimigas"?

Imagine um cenário em que você é a única mulher negra trabalhando em um escritório predominantemente branco e que, em reuniões e almoços, seus colegas falam e contam piadas sobre "neguinhos preguiçosos". Quando você procura o chefe para conversar sobre treinamento para a diversidade, sobre a necessidade de todos entenderem o discurso de ódio, você escuta que está interpretando mal a situação, que está sendo muito sensível, que as pessoas só estão se divertindo. Ninguém escuta quando você diz que, se as pessoas falam a palavra que começa com "n"[2] em um contexto no qual não estão sendo ativamente antirracistas, a palavra desencadeia memórias de trauma e medo. De tempos em tempos você as confronta, e, até quando admitem que conseguem entender por que você não acha graça, elas dizem que estão falando das pessoas negras "más" ao fazerem comentários racistas, "não das pessoas negras boas". Repetidas vezes, garantem que não falam por mal. Esse cenário é bastante comum e vivido provavelmente por toda pessoa negra/de cor que já trabalhou ou trabalha em um ambiente onde poucos ou nenhum trabalhador branco desaprendeu o racismo.

Se tais incidentes acontecem com todas as pessoas de cor e especialmente com pessoas negras, isso só reforça nossa convicção de que nunca podemos estar livres do racismo, de que nunca estamos seguros. Pessoas brancas desinformadas que não optaram por desaprender o racismo, que em geral são decentes e bem-intencionadas, não fazem ideia do quanto pessoas negras, independentemente da classe, vivem com ansiedade constante e/ou com medo de que serão alvos inocentes de ataques racistas aleatórios. É óbvio que pessoas brancas abertamente comprometidas em manter a supremacia branca a todo custo se orgulham

---

2. bell hooks refere-se a *nigger*, palavra historicamente utilizada nos Estados Unidos para se referir a pessoas negras de forma pejorativa e considerada, a partir de meados do século xx, um grave insulto racial, sobretudo quando usada por brancos. [N.E.]

de seus esforços para humilhar, envergonhar e aterrorizar cada pessoa de cor que encontram. Hoje em dia, muitas pessoas negras/de cor aceitaram que viver com o racismo é só um fato imutável da vida. Porém, ao aceitar de modo passivo o racismo e acreditar que ele não pode ser alterado, inadvertidamente pactuamos com todas as pessoas brancas racistas não esclarecidas que adotam o pensamento e a ação da supremacia branca.

Repetidas vezes, teóricos visionários da questão racial nos encorajam a confrontar direta e honestamente o modo como a ideologia supremacista branca influencia a vida de todos em nosso país, em maior ou menor grau. Podemos ir além do binarismo nós/eles, que aparece na maioria das discussões de raça e racismo, se atentarmos para o modo como o pensamento supremacista branco é um sistema de crenças fundacional neste país e influencia a consciência de todas as pessoas, independentemente da cor da pele.

Nos últimos anos, críticos culturais que tratam das hierarquias de castas de cor entre pessoas negras/de cor — segundo as quais pessoas de pele mais clara seriam mais bonitas do que seus pares de pele mais escura — têm lembrado a todos que esse modo de pensar e agir é um indício chocante de uma estética supremacista branca profundamente enraizada, que molda de maneira constante a identidade e o comportamento. Nenhuma autoridade dominadora branca precisa estar presente para que essas práticas se imponham sobre a vida de pessoas negras. No dia a dia de pessoas negras/de cor, o pensamento e a ação da supremacia branca permeiam diversas culturas, deixando claro que o problema do racismo não é apenas uma consequência das ações de pessoas brancas. Se todos em nossa sociedade pudessem admitir que o pensamento supremacista branco é o sistema de crenças subjacente que influencia quase todos os aspectos da cultura e dos hábitos da vida cotidiana deste país, então todas as nossas discussões sobre raça e racismo se apoiariam em uma base de realidade concreta. Todos poderiam se distanciar das dicotomias nós/eles que promovem culpa e impedem que todos nós assumamos a responsabilidade de desafiar e alterar a supremacia branca. A menos que façamos um esforço consciente para mudar o pensamento e a ação, nomeando honestamente todas as incontáveis maneiras como a supremacia branca se impõe sobre a vida cotidiana, não poderemos superar uma política de ódio e criar uma nova base apoiada em uma revolução de amor.

Uma das principais razões para que este país se recuse a oferecer uma linguagem política adequada para definir a política racial provém da insistência em que esta é a nação mais democrática do mundo, um lugar onde a liberdade e a justiça são possíveis para todos. Os cidadãos dos Estados Unidos não tiveram dificuldade em nomear as políticas de supremacia branca na África do Sul, porque a extrema segregação racial e a violência correspondente empregada para proteger o sistema do apartheid eram explícita e conscientemente apoiadas pelo governo e por legisladores. Nos Estados Unidos, a maioria das pessoas quer acreditar que aqui nunca houve nem há hoje uma política racial baseada no apoio e na manutenção do apartheid racial.

No entanto, todas as crianças neste país são inundadas, desde o nascimento até a idade adulta, pelo pensamento e pela prática da supremacia branca. E isso é mais insidioso porque, muitas vezes, trata-se de uma socialização velada. O professor mais poderoso e dissimulado da supremacia branca é a grande mídia. Até mesmo os pais que se esforçam para ensinar os filhos a ser antirracistas descobrem que devem manter uma vigilância constante, já que atitudes e crenças supremacistas brancas vêm de diversas fontes diferentes. Isso ficou evidente para Kathleen e James McGinnis, autores do útil e perspicaz livro *Parenting for Peace and Justice* [Criar filhos para a paz e a justiça], quando se tornaram uma família mais racialmente diversificada. Já pais de dois meninos brancos, adotaram uma menina indígena. Quando ela tinha apenas um ano, o irmão de cinco anos quis saber: "Mamãe, quando a Theresa crescer, ela vai matar a gente?". Ao refletirem sobre a origem dessa ideia, eles olharam para as imagens culturais advindas da grande mídia. E, embora tivessem trabalhado conscientemente para fomentar um lar antirracista, perceberam que seus filhos ainda eram inundados pelo pensamento supremacista branco na escola:

> Para nós, foi um sinal chocante de como estereótipos, concepções errôneas e medos podem estar profundamente enraizados. Mesmo em sua tenra idade, Tommy, que na época não conhecia nenhum indígena além de Theresa, já tinha uma ideia muito clara e negativa sobre o que os indígenas fazem com as pessoas.

Nesse caso, como em todos aqueles em que crianças muito pequenas expressam medo ou ódio racial, há um incidente que impressiona. Apesar das discussões sobre a impressão negativa das crianças brancas em relação à raça, é igualmente verdadeiro que crianças negras e outras crianças de cor podem ter impressões similares, oriundas de imagens que viram ou de histórias que ouvem. A maioria das pessoas já ouviu falar sobre o estudo no qual crianças negras escolhem bonecas brancas em detrimento das que se parecem com elas, porque aprenderam que branco é melhor. Existem até estudos de impressões raciais negativas analisando mensagens sobre diferença visual enviadas a bebês, que indicam que pais brancos que veem uma pessoa negra e respondem segurando o bebê com mais firmeza transmitem, não verbalmente, que pessoas de pele mais escura devem ser temidas. Parece provável que, se houvesse estudos mostrando que pais negros e de cor agem de maneira semelhante perto de uma pessoa branca, a impressão transmitida pela experiência poderia ser a mesma.

Enquanto esta nação se recusar totalmente a nomear com precisão a supremacia branca, as raízes do racismo permanecerão fortes. Ironicamente, embora a teoria feminista e a crítica cultural nos tenham levado a estudar a branquitude e o privilégio branco, muito pouco desse trabalho enfrenta a questão da supremacia branca. Acionar um discurso que se concentra na supremacia branca nos permite enxergar as maneiras como indivíduos que não ganham "privilégios" sendo fiéis ao pensamento e à ação da supremacia branca pactuam com a perpetuação e a manutenção desse sistema. Vejamos outro cenário racializado comum envolvendo crianças: uma menina branca nascida loira ouve constantemente de todos com quem entra em contato que é muito bonita e, portanto, merece mais atenção e cuidado do que quem é considerado menos atraente. Contudo, à medida que a criança cresce, seus cabelos começam a escurecer e, como consequência, ela não é mais a destinatária da hiperestima demonstrada quando era loira. Ela se sente cada vez mais invisível; em alguns casos, pode preferir morrer a não continuar a vida como loira. Assim como sua equivalente mais escura que procura clarear a pele com alvejantes tóxicos, essa menininha aprendeu que, em um contexto supremacista branco, mais claro é sempre melhor.

Em seu livro *It's the Little Things: Everyday Interactions that Anger, Annoy, and Divide the Races* [São as pequenas coisas: interações cotidianas que enfurecem, irritam e dividem as raças], a jornalista afro-estadunidense Lena Williams conta a história de uma amiga negra influente que havia comprado uma casa cujo chão da cozinha era decorado com pôsteres de filmes antigos. Convivendo com essas imagens, ela se surpreendeu quando sua filha de quatro anos anunciou: "Mamãe, eu não quero ser negra... Ninguém gosta de pessoas negras". A prova disso, para ela, incluía o fato de que não havia imagens de pessoas negras nos cartazes dos filmes. A mãe ficou assombrada: "Eu não havia notado que só havia pessoas brancas nos cartazes, mas lá estava minha filha de quatro anos — filha de uma advogada e de um médico — recebendo essa mensagem". Williams incluiu essa história em um capítulo que discute o modo como todas as imagens que nos cercam, mesmo que pareçam inofensivas, frequentemente revelam o grau em que nossa vida é governada por uma ética subjacente da supremacia branca.

No crescente corpo de estudos críticos sobre a branquitude, há mais escritos do que nunca sobre raça e estética. Trabalhos que observam os modos como as políticas da supremacia branca criam uma estética segundo a qual a cor e a textura dos cabelos determinam valor, estabelecendo padrões que ditam que cabelos mais claros, mais lisos e mais longos equivalem a beleza e atratividade. Novos trabalhos sobre o assunto, como o livro *Big Hair* [Cabelão], informam que apenas um pequeno número de pessoas brancas nos Estados Unidos nasce loira, e que a triste realidade é que a estética pessoal enraizada no pensamento supremacista branco leva uma grande quantidade de mulheres brancas a pintar os cabelos de loiro desde a adolescência e durante toda a vida adulta. Atualmente, existem salões de cabeleireiro segregados que atendem especificamente às mulheres brancas que desejam ser sempre e apenas loiras. Ao folhear qualquer revista de moda contemporânea, vemos que pessoas loiras são maioria; elas estabelecem os padrões do que é considerado verdadeiramente belo. Embora haja uma discussão sobre a maneira como os sistemas de castas de cor baseados na supremacia branca criam traumas na vida de pessoas negras, há pouco debate sobre o modo como esses mesmos padrões criam sofrimento e trauma em pessoas brancas. É possível ir ao cinema e assistir a um filme como *Good Hair* [Cabelo bom], com Chris Rock, e se maravilhar com a tortura e a automutilação dolorosa às quais mulheres negras se submetem para parecer "brancas", mas a tortura que mulheres brancas enfrentam quando se esforçam para adquirir o visual branco correto não está documentada. Todos nesta sociedade são inundados pela estética supremacista branca e permanecem suas vítimas, a menos que conscientemente nos voltemos contra ela; mas ainda somos encorajados a considerar a questão da raça como um problema de negros e brancos.

Sem dúvida, é do interesse da cultura dominadora promover uma compreensão superficial da política racial que, de maneira consistente, faz parecer que questões raciais nos Estados Unidos dependem exclusivamente do status das pessoas de pele mais escura. Pode ser que a crescente população latina (também profundamente inserida na estética supremacista branca) ajude a empurrar o discurso para além das questões de negros e brancos e em direção ao problema do pensamento e da ação da supremacia branca. Toda pessoa negra que fala sobre raça já teve a experiência de ser questionada sobre seu foco em questões de negros e brancos. Raramente uma pessoa de cor que não é negra reconhece que as formas mais intensas de agressão e discriminação racial no nosso país têm sido direcionadas às pessoas negras. Professar essa compreensão e a lealdade a lutas negras antirracistas seria mais útil ao processo de reforçar desafios à supremacia branca do que competir pelo status de quem receberá mais atenção. A verdade é que, quando pessoas negras recebem essa atenção maior da sociedade branca dominante, geralmente ela é negativa.

Apesar de ganhos no âmbito dos direitos civis, uma grande maioria de estadunidenses brancos e algumas pessoas de cor que não são negras continuam a acreditar que pessoas negras são menos inteligentes, raivosas e mais propensas a expressar agressividade de modo violento do que outros grupos. Embora abundem estereótipos racistas negativos sobre identidades asiáticas, não há um consenso esmagador, por parte dos estadunidenses brancos, de que sejam desprovidos de pensamento racional inteligente. É preocupante que muitos dos estereótipos odiosos e negativos que a cultura dominante usa para caracterizar a identidade negra sejam endossados por outros grupos de pessoas de cor. Tal endosso é uma expressão de cooperação e solidariedade com o pensamento e a ação da supremacia branca. Se todas as pessoas de cor e até mesmo nossos aliados de luta brancos estivessem descolonizando a própria mente, desafiando e alterando a supremacia branca, poderiam enxergar valor na identificação com a negritude, em vez de sentir que sempre deve haver competição acerca de quem receberá mais atenção dos brancos. Também veriam nitidamente que o sistema de dominação, que permanece opressivo e explorador, está sempre pronto a recrutar e treinar quantas pessoas pretas, pardas, vermelhas e amarelas forem necessárias para manter o status quo.

Uma compreensão aprofundada a respeito da dinâmica complexa do pensamento e da ação da supremacia branca forneceria a todos os cidadãos uma forma de entender por que essa nação pode eleger um homem negro para ser seu líder e, mesmo assim, resistir a esforços sistemáticos amplos, tanto públicos quanto privados, para desafiar e modificar a desigualdade racial. Desde que Obama entrou no salão oval, suas ações têm sido continuamente submetidas a um policiamento para garantir que não se direcionem, de maneira alguma, a benefícios específicos aos cidadãos afro-estadunidenses. Infelizmente, apesar dos fantásticos avanços em leis relacionadas aos direitos civis e a agendas públicas antidiscriminatórias, não houve nenhum esforço significativo para destruir as raízes do racismo. Em vez disso, vivemos em uma sociedade que alega, via políticas governamentais e públicas, condenar a discriminação racial, ao mesmo tempo que o patriarcado supremacista branco capitalista imperialista molda nossa política e cultura.

Embora tenhamos uma força de trabalho racialmente integrada (por mais relativo que isso seja), em que pessoas brancas e de cor compartilham um terreno comum, trabalhando juntas sem conflitos explícitos, tais indivíduos raramente se encontram fora do contexto de trabalho, e um verniz de paz é a norma. Pessoas brancas e de cor continuam a avaliar negativamente umas às outras, mesmo que suas experiências reais de conexão inter-racial forneçam motivos para questionar falsas crenças e suposições. Uma das tristes ironias do racismo nos Estados Unidos é que muitas pessoas negras/de cor pactuam de maneira inconsciente com a perpetuação da supremacia branca, ao mesmo tempo que denunciam o racismo e advogam contra a injustiça racial.

A maioria das pessoas negras/de cor raramente aborda a questão da supremacia branca, embora os valores que ela promove sejam internalizados por quase todo mundo. Ao longo da história do país, grande parte das lutas racializadas em prol dos direitos civis se concentrou na exploração e na opressão de pessoas negras por pessoas brancas. E, ainda que a luta antirracista mais militante, como o movimento black power, chamasse atenção para o racismo internalizado, essa consciência não se tornou a base para uma reestruturação nacional da luta política antirracista. Em vez disso, as questões levantadas por meio do foco no racismo internalizado (hierarquias de casta de cor, baixa autoestima, auto-ódio etc.) passaram a ser consideradas mais pessoais e, portanto, mais psicológicas e não verdadeiramente políticas. Durante um longo período do movimento militante black power, defensores antirracistas apontaram a raiva e a ira como emoções catalisadoras essenciais para a luta pela libertação. Essa valorização da raiva como base para a resistência era uma ferramenta de organização muito mais atraente do que a questão do racismo internalizado ou mesmo do que o foco na autodeterminação.

Certamente, enquanto Malcolm X era o defensor do black power que mais chamava atenção para o racismo internalizado, seu foco inicial na raiva como catalisadora para protestos foi considerado mais importante. O ensaio "Malcolm X and the New Blackness" [Malcolm X e a nova negritude], de Joe Wood, organizador da antologia *Malcolm X: In Our Own Image* [Malcolm X segundo nossa própria imagem], examina o clamor por um verdadeiro espírito negro. Este, explica ele, era "um espírito negro 'verdadeiro', isto é, 'militante', 'orgulhoso', 'raivoso'". Escrevendo sobre o significado do líder morto como uma figura emblemática, Wood afirma:

> O símbolo de Malcolm passou a significar a essência "mais verdadeira" desse espírito negro e, portanto, o melhor produto para validar e expressar a "real" raiva negra: raiva do modo como as pessoas negras têm sido tratadas em todos os lugares onde somos negras, raiva do modo como somos tratadas hoje nos Estados Unidos. [...] O símbolo de Malcolm proclama a raiva tão vigorosamente que atrai até mesmo estadunidenses não negros que sentem raiva; amigos viajantes, seguidores e outros compradores variados também adquirem Malcolm.

A coletânea de Wood foi publicada em 1992 e se concentrava principalmente na comoditização de Malcolm como celebridade para desviar a atenção de sua política radical e de seu chamado ao confronto global contra a supremacia branca. E é especificamente a reivindicação de Malcolm de que pessoas negras transformássemos de maneira ativa nossa consciência e nos despojássemos da supremacia branca internalizada que não tem recebido muita atenção.

Mais do que outros líderes, Malcolm X trabalhou para alertar pessoas negras sobre sua aceitação passiva da supremacia branca. Seus "fãs" contemporâneos tendem a se concentrar na imagem do ícone raivoso, e não em seu chamado consistente para o desenvolvimento do pensamento e da consciência críticos — uma convocação que ele chamou de "conversão psíquica". Malcolm insistiu que pessoas negras trabalhassem na descolonização da mente, tomando medidas conscientes para desaprender o pensamento supremacista branco. Em seu ensaio "Malcolm X and Black Rage" [Malcolm X e a raiva negra], o filósofo Cornel West explica:

> Em outras palavras, Malcolm X cristalizou de forma aguda a relação entre a afirmação negra do eu, o desejo negro pela liberdade, a raiva negra da sociedade estadunidense. [...] A conversão psíquica negra — a descolonização da mente, corpo e alma que despoja as mentiras supremacistas brancas de sua autoridade, legitimidade e eficácia — começa com uma rejeição ousada e desafiadora da degradação negra e é sustentada por esforços urgentes para expandir os espaços nos quais a humanidade negra é afirmada.

Contudo, apesar da poderosa liderança de Malcolm, sua ênfase na descolonização da mente não teve tanto impacto quanto a raiva e a ira que utilizou para denunciar o privilégio branco.

Os indivíduos negros preocupados em lutar pela autodeterminação, que abraçaram a noção de que esse processo deveria, necessariamente, começar com o desmantelamento dos grilhões do racismo internalizado e com a construção de uma base para a autoestima saudável, não interessavam ao mundo branco racista, tampouco à mídia branca. Mas pessoas negras que expressavam raiva e falavam sobre seu ódio ao branco eram dignas da atenção midiática. E, claro, pessoas brancas gostaram de ouvir sobre poder e privilégio brancos: isso confirmava que o sistema em que acreditavam estava funcionando. Conforme a luta pela libertação das pessoas negras ganhava atenção, a ênfase não estava mais no racismo internalizado. A supremacia branca raramente era mencionada. Líderes negros começaram a equiparar a conquista da liberdade à conquista de poder econômico, apenas com a obtenção do que se supunha que pessoas brancas tinham.

O clamor de Malcolm X pela descolonização, por "transformarmos nossa mente e nosso coração" e olharmos uns para os outros com "novos olhos", já havia sido esquecido há muito tempo. Aqueles que defendiam a autodeterminação negra, ousando enfatizar a saúde psicológica das pessoas negras, representavam a ameaça mais perigosa ao poder supremacista branco. Essa ameaça poderia se tornar inofensiva ao simplesmente desviar a atenção de qualquer um que se concentrasse no trauma que as pessoas negras experimentam como vítimas de ataques racistas contínuos, ou no processo por meio do qual tais feridas podem ser curadas. Paralelamente, enquanto ativistas de direitos civis negros e brancos, tanto conservadores quanto militantes, concentravam-se em alcançar a paridade econômica como a melhor maneira de elevar a raça negra, o trabalho psicológico de desaprender o pensamento da supremacia branca, de desafiar e alterar aqueles aspectos da vida que servem de base para o sistema, bem como a luta para construir alicerces para a autoestima saudável, não permaneceu como agenda central da luta pela libertação negra.

A velha noção de que o racismo não teria diminuído a vitalidade negra começou, cada vez mais, a ganhar novos terrenos, assim como a insistência em propagar que pessoas negras não foram vitimadas pelo trauma racializado, e sim transcenderam a desumanização e a degradação da escravidão, da reconstrução e dos longos e duros anos de apartheid legalizado. Igualar liberdade e poder econômico possibilitou que pessoas negras ignorassem que o privilégio de classe não significa que indivíduos não sofram os impactos psicológicos negativos do racismo e da supremacia branca. Não por acaso, à medida que a pobreza negra se intensifica, apesar do número crescente de pessoas negras que alcançam o patamar dos privilegiados materialmente, também se intensifica a correspondência contemporânea entre privilégio econômico e liberdade. É bastante difundida a ideia de que ganhar dinheiro e ser materialmente privilegiado leva, de maneira automática, a uma autoestima mais saudável. Quando indivíduos negros milionários, como Michael Jackson, revelam que sofrem de baixa autoestima e auto-ódio, suas experiências são vistas como aberrantes. Nunca são encaradas como parte de um trauma coletivo. E, mesmo quando Jackson reavaliou, por meio da música, sua luta para aceitar a negritude, certamente não gerou uma convocação coletiva para que pessoas negras renovassem a luta para desafiar e alterar a supremacia branca na vida negra. Ninguém falou sobre reestruturação cognitiva da mente, de modo a criar um contexto social saudável para o autodesenvolvimento e o crescimento das pessoas negras, sobretudo crianças. No passado, assim como no presente, essas questões eram vistas como pessoais ou privadas — não políticas.

É óbvio que supremacistas brancos promoveriam a ignorância acerca da descolonização psicológica em favor do foco na economia. Compartilhar um pequeno pedaço do bolo econômico não minou o patriarcado supremacista branco capitalista imperialista, muito pelo contrário. Quanto mais indivíduos negros ganham poder e status na estrutura social existente, menos eles se preocupam com o desmantelamento dessa estrutura social. Nos anos 1980 e 1990, quando muitas práticas discriminatórias deixaram de ser legitimadas por políticas públicas e a integração racial abriu, por meio da força de trabalho, caminhos outrora totalmente fechados, um número significativo de pessoas negras alcançou maior privilégio econômico. Naturalmente, o relevante é que esses ganhos materiais tiveram pouco impacto nas psiques feridas, danificadas pelo racismo internalizado.

À medida que pessoas negras/de cor buscam status e poder dentro da cultura dominadora atual, a cooperação com a supremacia branca perversamente se torna um patrimônio; ela facilita a assimilação à cultura dominante, cria um terreno comum que permite que a diferença de cor de pele signifique pouco. Na série de animação *The Boondocks* (criada pelo artista negro Aaron McGruder), há uma personagem negra que adota o pensamento da supremacia branca de modo aberto e vigoroso. E, embora muitos espectadores gostem de encará-la como um retrato satírico, ela na verdade não é retratada de forma irônica. Mesmo que assumir os valores da supremacia branca proporcione uma aparência de autoaceitação e possa preparar todas as pessoas de cor para alcançar mais sucesso material nas estruturas sociais existentes, o dano psíquico é um risco tóxico diário que não é confrontado e, quando negado, prejudica o bem-estar físico e mental.

O exame das doenças de maior impacto em corpos de pessoas negras revela que são causadas, de diversas formas, por estresse. É também evidente que o privilégio de classe, no caso de pessoas negras, não leva necessariamente a uma melhora da saúde. Em "Racism's Hidden Toll" [A consequência oculta do racismo], artigo publicado na revista *Miller-McCune* em 2009, o escritor Ryan Blitstein inicia suas observações afirmando: "O estresse de longo prazo causado pela vida em uma sociedade dominada pelos brancos 'desgasta' as pessoas negras, fazendo-as envelhecer mais rápido do que os brancos". O artigo ressalta a pesquisa de uma acadêmica branca, Arline Geronimus, que construiu uma carreira estudando esse fenômeno. É óbvio que pessoas negras sabem há muitos anos que experiências traumáticas causadas pelo enfrentamento do racismo e/ou pelo estresse crônico de lidar com o racismo cotidiano causam danos à saúde, mas, quando uma pessoa branca esclarecida compartilha essa notícia, o público parece mais disposto a ouvir. Geronimus progredia em sua pesquisa e, "quanto mais ela lia, mais começava a concordar com a noção radical de que não era algo inerente à raça que deixava os negros doentes, e sim o fato de ser negro em uma sociedade racista". Além disso, Blitstein explica: "A frase 'o racismo mata' seria uma vasta e grande simplificação das ideias de Geronimus; o modo como ela descreve esse fenômeno, contudo, evidencia que o racismo é uma causa fundamental de disparidades de saúde". De maneira notável, o uso do termo *racismo* continua evocando, para a maioria das pessoas, noções de ataques e discriminação explícitos. Usar o termo *supremacia branca* nos permite desvelar e expor todas as formas encobertas e insidiosas em que lidar com o trauma e o estresse pode diminuir a chance de ter boa saúde.

Em seu elucidativo livro *Longevidade emocional: descubra o que realmente determina seu tempo de vida*, Norman B. Anderson explica:

Raça e etnia não apenas moldam em grande medida nossas experiências de vida mas também podem ser poderosos indicadores de longevidade. Embora muitas diferenças de saúde e longevidade sejam evidentes entre grupos raciais e étnicos, talvez o exemplo mais chocante seja o da diferença de saúde entre pessoas negras e brancas. Comparadas às pessoas brancas, as negras sofrem taxas mais altas de quase todas as enfermidades, incluindo doenças cardíacas, câncer, diabetes, cirrose hepática e HIV/aids, além de serem as maiores vítimas de homicídio.

Anderson admite que fatores socioeconômicos afetam a saúde, mas pesquisas mostram que esses não são os únicos nem mesmo os mais determinantes. Ele chama atenção, por exemplo, para o fato de que pessoas negras pobres apresentam taxas de mortalidade mais altas do que pessoas brancas pobres.

Enquanto muitas pessoas negras materialmente bem-sucedidas também têm mais acesso a serviços médicos, trabalhar em ambiente predominantemente branco (e, consequentemente, supremacista branco) é causa de enorme estresse. Esse estresse afeta o sistema imunológico. Obviamente, há poucos trabalhos que documentem a saúde física e psicológica de pessoas negras milionárias, ricas e de classe alta. Nos últimos anos, o simples fato de alcançar o status de milionário pode posicionar um indivíduo no ranking de pessoas negras consideradas bem-sucedidas e dignas de ser imitadas. Só mais recentemente têm aumentado os estudos sobre as questões que afetam diretamente a saúde de todas as pessoas negras. Aquelas que, individualmente, obtiveram maior poder econômico e status (como Oprah Winfrey, que possui grande fortuna) são vistas como modelos, embora revelem, diariamente, que não conseguem se libertar dos grilhões que aprisionam sua mente. De fato, assim como suas contrapartes menos privilegiadas economicamente, elas também exercitam a "dupla consciência", vivendo uma vida em que muitas vezes há pouca congruência entre o que pensam, dizem e fazem.

A busca pelo individualismo liberal sancionado pelo patriarcado supremacista branco capitalista imperialista permitiu que todos os clamores coletivos pela autoderterminação negra fossem cooptados pela ânsia de participar como pseudoiguais na cultura dominadora atual. Amiri Baraka nos lembra disso em seu importante ensaio "Malcolm X as Ideology" [Malcolm X como ideologia], afirmando que "a postura ideológica fundamental de Malcolm em relação à supremacia branca é de oposição e é uma tentativa de destruí-la". No entanto, conforme líderes negros homens do movimento black power começaram a equiparar a libertação negra com a formação de um forte patriarcado negro, como já mencionado, questões relativas a traumas psicológicos foram sendo jogadas para escanteio, e o foco foi colocado no dinheiro e na masculinidade.

De um ponto de vista contemporâneo, é fácil olhar para trás e ver que o patriarcado supremacista branco capitalista imperialista não proporcionou às pessoas negras/de cor acesso igualitário ao desenvolvimento econômico e aos privilégios econômicos. E faz todo o sentido que tenham sido as pessoas negras privilegiadas materialmente, de classe alta e média, aquelas que prosperaram dentro desse sistema, enquanto massas de pessoas negras continuam lutando para conseguir pagar as contas. A realidade de que indivíduos negros conseguiram alcançar ganhos econômicos altíssimos não está ligada a tendências psíquicas construtivas nas quais a descolonização da mente estabelece uma base para a autorrealização saudável. Pessoas negras gastaram mais de quarenta milhões de dólares no final dos anos 1990 com cremes clareadores de pele (esse número é provavelmente ainda mais astronômico hoje), fato que revela a vergonha profundamente enraizada que boa parte delas sente em relação à pele. O dinheiro gasto em produtos que alisam cabelos crespos e cacheados é ainda mais revoltante. Todas essas práticas culturais e estéticas estão alicerçadas na estética da supremacia branca, que continua a estabelecer os padrões do que é considerado belo e desejável.

Entre as pessoas de cor, são as negras, mais do que outros grupos, que gastam enormes quantias em mídias de massa que rebaixam e diminuem a identidade negra. A autoestima coletiva das pessoas negras é tão degradada que as imagens negativas (sobretudo as violentas) são vistas como prazerosas e divertidas. Quando a escravidão acabou, e durante a era Jim Crow,[3] as pessoas negras protestaram vigilantemente contra a reprodução de imagens colonizadoras. Mas, uma vez que indivíduos negros descobriram que podiam ficar ricos criando e produzindo essas imagens, houve pouco ou nenhum esforço coletivo para protestar contra elas. Quando tais imagens são escrutinadas, isso se dá mais frequentemente por parte do clero conservador, que as condena com base em crenças religiosas fundamentalistas.

Como todos os cidadãos desta nação que, de maneira passiva, endossam e perpetuam a supremacia branca sem obter nenhum ganho significativo, as pessoas negras, que têm a vida moldada pelos mesmos valores, raramente discutem suas motivações. Pessoas negras e de cor bem-sucedidas às vezes ressaltam que sua disposição para se integrar à cultura dominante é a chave do sucesso. No entanto, essa assimilação tem um preço, pois a cultura dominante também é dominadora. Isso

---

3. Como ficou conhecido o período em que estiveram em vigor leis de segregação racial no sul dos Estados Unidos, do fim do século XIX até os anos 1960. [N.E.]

significa que, para alcançar o sucesso material que ultrapassa os limites da necessidade econômica (os meios para sobreviver confortavelmente), elas geralmente precisam compactuar com o pensamento e a prática da supremacia branca. Enquanto essa cooperação levar a um maior sucesso material, será uma prática aceitável.

Todos os cidadãos desta nação são encorajados a acreditar que o status material determina o grau de bem-estar material. À medida que a economia fracassa e a quantidade de pessoas que carecem de recursos materiais cresce como nunca na contemporaneidade, revistas e artigos de jornal asseguram que pessoas ricas são mais felizes, que o dinheiro é a chave para o bem-estar. Dizem que pessoas com privilégios materiais são mais saudáveis. Não importam as notícias diárias sobre os problemas de saúde mental generalizados e o vício entre os ricos: a fantasia de que riqueza equivale a boa vida, a bem-estar máximo, continua a ser difundida em todas as classes e raças nos Estados Unidos. É evidente que a grande maioria dos negros em nossa sociedade não tem uma vida de bem-estar máximo. E é igualmente evidente que a persistência dos ataques da supremacia branca e do racismo cotidiano é uma das causas principais.

Se quisermos verdadeiramente abordar questões de raça e racismo, nossa sociedade deve entender a criação de condições de bem-estar máximo como um aspecto central da luta antirracista. Isso exigirá, entretanto, que coloquemos questões psicológicas em primeiro plano. Questões de autoestima precisarão ser fundamentais; deveremos nos concentrar em definir e criar as condições necessárias para nutrir e fazer florescer a autoestima saudável. Precisaremos compreender completamente o processo por meio do qual aquelas pessoas com autoestima ferida e deteriorada podem se tornar capazes de se curar. No melhor de todos os cenários antirracistas, nossa sociedade criaria centros progressistas de cuidados mentais em comunidades locais, onde questões de dominação, raça e racismo poderiam ser examinadas em um contexto terapêutico. Nesse caso, a autoestima saudável poderia servir de base para uma política antirracista progressista, capaz de mudar a forma como todos nos relacionamos cotidianamente.

Uma vez que a eleição de um presidente negro jogou luz sobre questões de raça, podemos esperar que nosso país seja capaz de aproveitar a oportunidade para desafiar a supremacia branca, indo à raiz do problema e partindo de lá. À medida que mais e mais pessoas negras cruzam a linha da pobreza e da indigência, torna-se ainda mais crucial oferecer-lhes novos modos de existência e de transformação. Caso contrário, a desesperança generalizada e o desespero serão a norma. Sem nenhuma esperança de bem-estar, o vício se dissemina facilmente conforme as pessoas procuram mediar e consolar a dor. Com o vício, vêm à tona a violência, a raiva. Seja a raiva racializada de brancos pobres que veem as pessoas negras como uma ameaça que diminui sua qualidade de vida, seja a raiva racializada internalizada que leva pessoas negras a abusar umas das outras psicológica e fisicamente, ela deve ser abordada de maneira construtiva. Enquanto nosso país conversa sobre raça, há pelo menos a pequena esperança de que as conversas possam conduzir a novos insights e estratégias de mudança que resultarão em um mundo onde todos os cidadãos possam ter acesso ao bem-estar máximo.

02.
superar a culpa: abraçando a diversidade

A diversidade é a realidade da vida de todos nós. É a própria essência de nossa sobrevivência planetária. Organicamente, a sobrevivência humana como espécie depende da interdependência de todas as vidas. O pensamento fundamentalista que dá suporte à cultura dominadora nega essa verdade, socializando cidadãos para acreditar que a segurança reside em defender a tirania dessa mesma cultura, em proteger a homogeneidade. Descrevendo as intenções do modelo dominador em *O poder da parceria*, Riane Eisler escreve: "Famílias e sociedades são baseadas em um controle explícita ou implicitamente apoiado na culpa, no medo e na força. O mundo é dividido em grupos de dentro e grupos de fora, e aqueles que são diferentes são considerados inimigos a serem conquistados ou destruídos". Quando a diversidade se tornou uma palavra da moda para a inclusão da diferença no mundo acadêmico e no mercado de trabalho, foi apresentada como um conceito bastante benigno, outra versão do mito da nossa nação como um genuíno caldeirão em que as diferenças se encontram e convergem. Esse conceito de diversidade tem imperado na maioria dos ambientes institucionais — desde escolas de ensino fundamental, faculdades e universidades até o mundo corporativo.

Pense por um momento nos alunos do ensino fundamental aprendendo que Colombo navegou pelo oceano azul e foi saudado por indígenas que ficaram felizes em dar as boas-vindas a colonos brancos. Nessa versão da diversidade, o centro do patriarcado supremacista branco capitalista imperialista, tal como construído pela cultura dominante, permanece intacto; inserir a diferença não altera a construção central. Outro exemplo, e talvez mais pertinente para essa discussão, é a eleição do primeiro presidente negro dos Estados Unidos. Muitos cidadãos veem essa mudança como um triunfo da diversidade. No entanto, ao longo de seu mandato, muitas das decisões sancionadas por esse presidente negro não parecem diferentes das de um presidente branco cristão liberal. Muito do sucesso dessa presidência se deve ao fato de que sua temida diferença, na verdade, não foi tão diferente. Para várias pessoas isso representa um triunfo para a diversidade. Aquelas que refletem um pouco mais percebem aí apenas um verniz ou maquiagem da diferença, que cria uma mudança enquanto o centro permanece o mesmo. Hoje é comumente aceita a noção de que a diversidade é vital para habitar uma vila global, na qual a diferença seja verdadeiramente a norma. Essa aceitação é um sinal de progresso. Contudo, como muitos cidadãos não demoram a aprender (seja nas escolas, seja no local de trabalho), sobretudo aqueles que foram e são verdadeiramente diferentes, é fácil falar sobre diversidade, mas é difícil torná-la uma realidade concreta. Esse é mais um caso de teoria sem prática. Muitas pessoas de cor começam a ver a evocação da diversidade como uma cortina de fumaça que esconde a realidade de que aqueles que ocupam o poder dominante não pretendem mudar as estruturas, nem mesmo sutilmente, em prol de uma mudança genuína, no pensamento e na prática, que pouco a pouco transformará os mundos que habitamos.

A diversidade não teve nem pode ter significados transformadores relevantes em qualquer mundo onde a supremacia branca permaneça a base subjacente do pensamento e da prática. Uma grande maioria de pessoas brancas não esclarecidas acredita que a mera presença da "diferença" mudará o teor das instituições. E, ainda que não se possa negar seu poder positivo, a representação por si só não é suficiente para favorecer a diversidade duradoura. Embora a integração racial e étnica traga um verniz de diversidade, o racismo continua sendo a norma. Falamos de viver em uma sociedade diversa, uma vila global, enquanto nos Estados Unidos a maioria das pessoas — ainda que trabalhe em ambiente diverso — continua escolhendo viver e interagir socialmente com pessoas semelhantes. A maioria dos bairros no nosso país permanece segregada por raça/etnia e classe. À nossa volta, pessoas em todas as esferas da vida pública falam de mudanças demográficas (em particular da crescente população hispânica), mas poucas ações são tomadas para garantir que, se "este mundo não é mais branco, e nunca mais voltará a ser branco outra vez", como James Baldwin proclamou no ensaio "O estranho no vilarejo", a maioria das pessoas de cor não continue a ser escravizada pelas práticas cotidianas do patriarcado supremacista branco capitalista imperialista. Imaginemos que, a partir do momento em que a demografia em mutação se tornou parte da conscientização pública, as escolas públicas tivessem criado um currículo que exigisse que todos os alunos aprendessem espanhol, de modo que as habilidades bilíngues fossem reconhecidas como norma preferencial. Desse modo, a diversidade seria afirmada. Sem alfabetização, leitura e escrita e capacidade de usar computadores, a demografia em mutação não garantirá que as pessoas de cor tenham acesso a uma vida de bem-estar máximo. Sem tais habilidades, massas de pessoas de cor que não possuem os recursos espirituais e materiais necessários para criar uma vida sustentável permanecerão na base do totem econômico do nosso país.

Sem dúvida, o futuro da diversidade implica criar uma sensibilização maior e uma consciência crítica mais ampla acerca da importância de acabar com a dominação, de desafiar e modificar a supremacia branca. Riane Eisler insiste, em seu modelo de parceria, que passemos de uma atitude "nós contra eles" para outra visão de mundo, segundo a qual sejam concedidos "a todas as culturas os mesmos padrões de direitos humanos e responsabilidades fornecidos pelo modelo de parceria". Ela argumenta: "Em um mundo onde as tecnologias de comunicação e destruição atravessam o globo quase instantaneamente, criar um mundo melhor é uma questão de interesse próprio esclarecido". Agora, mais do que nunca, precisamos criar comunidades de aprendizagem que consolidem, como parte essencial do currículo, o aprendizado da teoria e da prática da diversidade. Em meu livro *Ensinando pensamento crítico: sabedoria prática*, chamo atenção para o modo como as questões da diversidade, tanto dentro como fora da sala de aula, estão lentamente sendo empurradas de volta para o âmbito do silêncio e da desinformação:

> Mais que nunca, alunos precisam aprender a partir de perspectivas não enviesadas, sejam elas conservadoras ou radicais. E, mais que nunca, estudantes e professores precisam compreender totalmente as diferenças de nacionalidade, raça, sexo, classe social e

sexualidade, se quisermos criar formas de saber que reforçam a educação como prática da liberdade.

Aprender a desafiar e transformar o pensamento binário — o paradigma nós contra eles — é uma maneira de criar uma base duradoura. Apegar-se ao pensamento binário na verdade reforça a cultura dominadora, pois um dos aspectos dessa cultura é a projeção em um inimigo, um "outro", sempre que as coisas dão errado, e essa projeção de culpas, por sua vez, ajuda a promover uma cultura de vitimização.

Quando estamos mais estimulados pela prática de culpabilizar do que por esforços para criar transformação, não podemos encontrar alívio para o sofrimento — e, além disso, estamos criando as condições que ajudam a nos manter presos ao status quo. Nosso apego a acusações, a identificar o opressor, origina-se de um medo: de que, se não conseguirmos afirmar inequívoca e absolutamente quem é o inimigo, não saberemos como organizar a luta de resistência. No instigante livro *Governe seu mundo: estratégias antigas para a vida moderna*, Sakyong Mipham Rinpoche fala de aprender a entender os outros em vez de culpá-los: "Lembro-me de meu pai e outros da geração mais velha de lamas tibetanos dizerem que não culpavam os chineses comunistas pela destruição do Tibete. Sentiam que essa culpabilização não resolveria nada. Isso só prenderia os tibetanos ao passado". Da mesma forma, qualquer exame crítico da história da luta pelos direitos civis nos Estados Unidos mostra que houve um progresso maior quando os líderes enfatizavam a importância de perdoar o inimigo, de trabalhar pela reconciliação e pela formação de uma comunidade amada, em vez de uma retaliação raivosa.

Projetar a culpa e pedir vingança era um aspecto dos movimentos militantes black power que realmente fracassaram em sustentar o clima de desaprendizado do racismo outrora forjado pela luta antirracista não violenta. Como resultado da rebelião dos anos 1960, quanto mais as pessoas negras eram encorajadas a expressar sua raiva, "culpando" todos os brancos pela exploração e pela dominação raciais e refutando qualquer noção de perdão, mais um senso internalizado de vitimização se tornava a norma. Em comparação a outros momentos históricos similares, quando a agressão da supremacia branca era mais ameaçadora à vida, muitas pessoas negras estão hoje, tragicamente, mais desesperançosas em relação a qualquer possibilidade de que o racismo possa ser efetivamente desafiado e alterado. Indivíduos brancos não esclarecidos que proclamam ou que o racismo acabou ou que não são responsáveis pela escravidão acionam uma política de culpa por meio da qual rejeitam a realidade política ao insistir que as pessoas negras nunca são realmente vítimas do racismo, mas agentes de seu próprio sofrimento.

O pensamento dualista, que está no centro do pensamento dominador, ensina às pessoas que há sempre o oprimido e o opressor, uma vítima e um agressor. Portanto, há sempre alguém para culpar. Passar da ideologia da culpa para uma política de responsabilidade ética é um movimento difícil de se estabelecer em uma sociedade na qual quase toda organização política, seja conservadora, seja radical, foi estruturada em torno do binário dos mocinhos e dos bandidos. A responsabilidade é uma questão muito mais complexa. Uma política de culpa permite que uma pessoa branca contemporânea faça declarações como "Minha família nunca possuiu escravos" ou "A escravidão acabou, por que os negros não podem simplesmente superar essa questão?". Além disso, uma política de responsabilização enfatizaria que todas as pessoas brancas se beneficiam dos privilégios advindos da exploração racista do passado e do presente, e, portanto, são responsáveis por alterar e transformar a supremacia branca e o racismo.

A responsabilidade é um conceito mais abrangente, porque abre um campo de possibilidades em que somos todos obrigados a ir além da culpa e entender de que modo somos responsáveis. Ao perceber nitidamente que vivemos dentro de uma cultura dominadora do patriarcado supremacista branco capitalista imperialista, sou compelida a localizar minha responsabilidade. Em algumas circunstâncias, estou mais próxima de me tornar vítima de algum aspecto desse sistema; em outras, estou em posição para ser a opressora. Se eu reivindicar somente aqueles aspectos do sistema que me definem como oprimida e alguma outra pessoa como meu opressor, então continuo a não ter a visão do todo. Qualquer esforço que possa fazer para desafiar a dominação provavelmente falhará se eu não observar com precisão as circunstâncias que criam sofrimento, enxergando assim a totalidade da situação. Depois de mais de trinta anos conversando com as pessoas sobre dominação, posso afirmar que muitas delas em nossa sociedade — tanto negras quanto brancas — resistem a ver o todo.

Ao trabalharmos em prol da justiça, devemos entender as raízes do pensamento dominador, pois compreendê-las esclarece as ações que devemos tomar para resistir. As feministas reformistas continuam sugerindo que a cultura dominadora começa com a subjugação das mulheres pelos homens. Contudo, esse entendimento de como a dominação se tornou a norma está totalmente enraizado no pensamento dualista, o qual define os machos como bandidos e as fêmeas como mocinhas. Tal pensamento levou até mesmo muitas mulheres brancas a ver o racismo como uma simples extensão do pensamento machista. É óbvio que pensar desse modo permite a perpetuação de uma hierarquia de dominação em que o machismo é considerado o sistema mais relevante a ser desafiado e transformado. De fato, evidências recentes sugerem que os primeiros humanos foram provavelmente pessoas de pele mais escura, o que não dá credibilidade à noção de que o machismo veio primeiro e, depois, o racismo. Teorias de dominação que nos levam para além da culpabilização de um grupo em detrimento de outro postulam a ideia de que a dominação começa com a passagem de uma sociedade pré-agrícola para uma na qual a agricultura foi desenvolvida. A interdependência era a norma no mundo antes da agricultura. Em *Rebalancing the World* [Reequilibrando o mundo], Carol Lee Flinders explica:

> Os seres humanos pré-agrícolas não se viam como nitidamente separados do mundo natural, ou superiores a ele, mas como membros de uma família ou povo entre muitos outros, fazendo o melhor que podiam para se manter vivos. [...] Antes que a agricultura produzisse excedentes de comida, a maioria dos seres humanos era nômade, coletando em um local e avançando em poucos dias para outro, dentro de um território definido. Viajavam em bandos, mas os bandos eram pequenos, refletindo os recursos alimentares limitados da maioria dos lugares. A interdependência era a lei básica da vida: o que se encontrava ou matava era compartilhado, e quem tivesse sorte no dia seguinte retribuiria o gesto. [...] Povos pré-agrícolas não se imaginavam mestres do mundo que observavam. [...] O senso aguçado de reciprocidade

que definia o relacionamento da pessoa com o mundo natural também definia sua relação com o sagrado.

Nesse mundo, as relações de gênero eram mais justas, pois não havia demarcações claras entre o trabalho das mulheres e o dos homens. De acordo com Flinders, foi o mundo da agricultura e do território fixo que trouxe grandes divisões de gênero, paradigmas artificialmente construídos de nós contra eles, e a guerra. Não é difícil enxergar como essas primeiras distinções entre nós e eles desembocaram no patriarcado supremacista branco capitalista imperialista.

A disputa por território levou os brancos a desenvolver novos comportamentos: uma população minoritária cuja distinção de cor e privilégio é perdida quando copulam com aqueles de pele mais escura e se tornam mais agressivos e bélicos; a acumulação de recursos materiais; a subjugação das mulheres pelos homens; a exploração e a opressão dos fracos pelos fortes. Em tal sistema mundial, o pensamento e a prática dominadora se tornam a norma.

Em *O poder da parceria*, Eisler explica:

> No modelo de dominação, alguém tem que estar no topo e alguém tem que estar na base. Aqueles no topo controlam os que estão abaixo de si. As pessoas aprendem, desde a infância, a obedecer às ordens sem questionar. Aprendem a carregar uma voz autoritária em sua cabeça dizendo-lhes que não são boas, que não merecem amor, que precisam ser punidas.

A doutrinação para o pensamento dominador em uma cultura governada pelos ditames do patriarcado supremacista branco capitalista imperialista é um processo que afeta a todos nós em maior ou menor grau. Entender o pensamento dominador aumenta a consciência de que não existe maneira simples de identificar vítimas e opressores, embora haja, de fato, graus de responsabilidade.

Uma das narrativas contra-hegemônicas mais poderosas, que pode levar muitos de nós ao caminho da consciência crítica, é a ideia de democracia. Antes dos anos 1960, aprender sobre a importância global da democracia (ou seja, que todos tinham direitos, que as pessoas foram criadas em igualdade, que pode haver justiça para todos) foi a base da radicalização para muitos cidadãos no nosso país. E esse processo de radicalização geralmente começava no início da infância. Muitas vezes, iniciava-se questionando por que uma visão tão inspiradora da democracia não era plenamente realizada. Hoje, quando crianças brancas no meu bairro aprendem sobre os indígenas que moravam aqui antes dos brancos, algumas, não todas, começam a questionar: "Por que as pessoas brancas tinham armas?"; "Por que mataram os indígenas ou os forçaram a deixar suas casas?"; "Por que os brancos tomaram a terra que já estava ocupada?". Na minha infância, o direito de perguntar "por que" era um privilégio central de viver sob o mito da democracia. E esse mito era forte, apesar de a realidade mais vital de nossa vida ser a da dominação patriarcal.

As histórias que localizam na invenção do patriarcado a raiz da dominação podem parecer imprecisas, mas, na cultura dominadora, a família é de fato uma das principais esferas pedagógicas para o ensino do pensamento e da prática de dominação por meio da aceitação e da perpetuação do patriarcado. Assim, trabalhar para desafiar e transformar o patriarcado continua essencial para qualquer esforço de transformação da cultura dominadora. Pessoas progressistas, sobretudo proeminentes teóricos e ativistas de esquerda do sexo masculino, denunciam abertamente o imperialismo, o racismo e o capitalismo, mas quase nunca falam sobre a necessidade de desafiar o patriarcado. Apesar de todas as pessoas de cor, inclusive pessoas negras, serem socializadas para adotar o pensamento supremacista branco, poucos indivíduos desses grupos defendem abertamente o racismo. Indivíduos negros que alisam os cabelos porque foram ensinados a acreditar que sua textura natural é feia estão perpetuando a estética supremacista branca, mesmo que sejam inflexivelmente antirracistas. Essas contradições revelam as incontáveis formas como a cultura dominadora molda nossos pensamentos e nossas ações de maneira inconsciente. É precisamente porque o pensamento dominador está enraizado de modo tão profundo em nossa psique que o esforço para descolonizar a mente através do cultivo da consciência crítica precisa ser um aspecto essencial da luta de resistência. Quando indivíduos psicologicamente confusos se envolvem em alguma luta de resistência, muitas vezes se desestruturam e podem atuar de maneiras que prejudiquem ou neguem seus esforços para criar uma transformação construtiva. Uma vez que a cultura dominadora depende de sistemas interligados (imperialismo, supremacia branca, capitalismo, patriarcado) para se sustentar, ela procura encobrir as conexões entre esses sistemas, ou então permite que se desafie apenas um aspecto do sistema por vez: por exemplo, permitindo críticas antirracistas enquanto silencia as vozes anticapitalistas ou antimachistas.

E o patriarcado começa em casa. Novamente, esse é um aspecto da cultura dominadora que tendemos a aprender com nossa família, com pessoas que alegam se importar conosco. No passado, o pensamento patriarcal aprendido na família refletia-se nos ensinamentos patriarcais da igreja ou de outras instituições religiosas. A religião já foi uma instância principal para o ensinamento do pensamento racista, mas essa não é mais uma norma aceita. Pessoas brancas cristãs não são abertamente ensinadas na igreja que deus determinou que são superiores às pessoas de outras cores e, por isso, deveriam governá-las. Até mesmo entre os cristãos mais fundamentalistas existe um esforço comum de recrutar pessoas de cor para se unir a eles no culto. Essa postura acolhedora existe, embora as igrejas nos Estados Unidos sejam, antes de tudo, racialmente segregadas. Contudo, todas as principais religiões do mundo continuam a ensinar abertamente o pensamento patriarcal. Ao mesmo tempo, massas de pessoas de cor denunciam de maneira global a supremacia branca e o racismo enquanto perpetuam ativamente o patriarcado.

Hoje, muitos cidadãos do nosso país não frequentam mais a igreja, de modo que a família se tornou a principal instituição para a disseminação do pensamento patriarcal entre as crianças. Fêmeas patriarcais, enquanto cuidadoras primárias de crianças, são as pessoas que ensinam papéis de gênero patriarcais. Entretanto, a maioria dos homens e mulheres de nossa sociedade raramente usa a palavra *patriarcado* ou sequer entende seu significado. O patriarcado é um sistema político e social que insiste que os machos são inerentemente dominantes, superiores a tudo e a todos que sejam considerados fracos, especialmente mulheres. Eles seriam dotados do direito de dominar e governar os fracos, bem como de manter esse domínio por meio de várias formas de abuso psicológico e violência. Nenhum movimento contemporâneo em prol de justiça social transformou o modo como vivemos, com exceção do movimento feminista. O reconhecimento, por meio de leis e políticas públicas, de que as mulheres são iguais aos homens e merecem direitos iguais alterou a natureza do trabalho, da economia e da vida doméstica. E, ainda que o movimento feminista seja acusado de muitas coisas, é por causa dele, na verdade, que mulheres e homens têm maior acesso à equidade de gênero em todas as esferas da vida. É precisamente a multiplicidade de sucessos da reforma feminista que levou a uma retaliação antifeminista.

O desafio e a transformação do patriarcado ameaçam uma fundação central da cultura dominadora. Se meninos não forem socializados para aceitar a masculinidade patriarcal e sua violência correspondente, então não terão a mentalidade necessária para travar a guerra imperialista. Se mulheres e homens forem ensinados a valorizar a reciprocidade, então a parceria, em vez da ética da dominação, será valorizada. Como o pensamento patriarcal cria sofrimento psicológico, novos modelos de parceria oferecem a promessa de bem-estar e, portanto, minam a cultura de consumo capitalista, que explora a dor psicológica. As transformações positivas criadas pelo movimento feminista foram tão difundidas que a reação foi feroz. A grande mídia, em especial aquela voltada para crianças pequenas, adolescentes e jovens adultos, reinscreve continuamente o pensamento machista acerca dos papéis de gênero. Essa tem sido a principal ferramenta a retratar feministas e/ou mulheres poderosas de maneira negativa. Em *O poder da parceria*, Eisler enfatiza que uma forma de retaliação midiática antifeminista tem promovido "dominação e submissão nas relações entre pais e filhos e entre mulheres e homens". Ela explica:

> O motivo é que nessas relações íntimas aprendemos, pela primeira vez, a aceitar a dominação e o controle como fatores normais, inevitáveis e corretos. [...] Por isso, muitos dos regimes modernos mais repressivos [...] surgiram onde as relações familiares e de gênero baseadas na dominação e na submissão estão bem estabelecidas. É também por isso que, uma vez no poder, esses regimes impulsionaram vigorosamente políticas que têm como meta a recuperação de um pai punitivo em total controle de sua família. Vemos esse padrão de forma muito nítida em um dos aspectos mais sérios da regressão dominadora do nosso tempo: o surgimento do chamado fundamentalismo religioso. Eu digo "chamado" porque, olhando de perto, fica óbvio que o que muitos líderes fundamentalistas pregam — seja no Oriente Médio, seja nos Estados Unidos — não é fundamentalismo religioso, mas o modelo de dominação/controle com uma pitada religiosa.

Dado o papel que o patriarcado cumpre como sistema que explora as relações familiares para ensinar valores dominadores, desafiá-lo e transformá-lo gera benefícios evidentes para todos — homens e mulheres, adultos e crianças. Ainda assim, transformar o patriarcado não colocará fim à cultura dominadora enquanto os outros sistemas interligados permanecerem intactos. Quando o movimento feminista estava trazendo mudanças revolucionárias para o status de mulheres e homens, o imperialismo, o capitalismo e o racismo ganhavam força globalmente.

Quando comecei a usar a expressão *patriarcado supremacista branco capitalista imperialista* para caracterizar os sistemas interligados que moldam a cultura dominadora em que vivemos, as pessoas diziam que a expressão era apenas uma frase muito austera. Nos últimos dez anos, sempre que a usava em palestras, na maioria das vezes o público respondia com risadas. De início, achei que o riso era uma expressão de desconforto, pois a verdadeira natureza da política de nosso país estava sendo exposta. Mas, como a risada me seguiu de palestra em palestra, comecei a vê-la como uma maneira de desviar a atenção da seriedade dessa designação. Repetidas vezes, a teoria crítica tem nos ensinado o poder de nomear com precisão aquilo que estamos desafiando e esperamos transformar. Mas uma forma de silenciar a nomeação precisa é fazer com que ela pareça ridícula, muito estridente, dura demais. Raramente me perguntam qual é o valor de chamar a atenção para os sistemas de dominação interligados. No entanto, quando examinamos as circunstâncias culturais que forneceram a base para o fascismo no século xx (olhando particularmente para as raízes do fascismo na Alemanha, na Espanha e na Itália), encontramos traços semelhantes nos Estados Unidos (isto é, poder patriarcal, nacionalista, racista, religioso e econômico controlado por uma minoria interessada em riqueza, religião etc.). Nos regimes fascistas, ensinar as populações a temer o "terrorismo" é um meio de obter apoio para o sistema. Ao mesmo tempo, vozes dissidentes que desafiam o status quo tendem a ser silenciadas por inúmeras formas de censura. Mais recentemente, no nosso país, a mídia tem sido usada para sugerir que qualquer um que critique o governo é um traidor, que merece reprovação e até prisão — o que silencia, efetivamente, muitas vozes.

Uma resistência significativa à cultura dominadora exige de todos nós disposição para identificar com precisão os vários sistemas que trabalham juntos para promover a injustiça, a exploração e a opressão. Nomear esses sistemas é uma maneira de romper nossa dependência equivocada do pensamento dualista. Ao serem evidenciados, esses sistemas interligados tendem a nos delatar de alguma forma, tornando impossível para qualquer um de nós afirmar que somos absolutamente e sempre vítimas, chamando a atenção para a realidade de nossa responsabilidade, ainda que relativa. Quando somos responsáveis, evitamos o papel de vítima e somos capazes de reivindicar o espaço de nossa atuação individual e coletiva. Para muitas pessoas, sobretudo aquelas submetidas a exploração e/ou opressão, essa atuação pode parecer inadequada. No entanto, afirmá-la, mesmo de modo sutil, é sempre o primeiro passo para a autodeterminação. É o lugar da esperança.

À medida que nos afastamos da cultura dominadora em direção a uma cultura libertadora, que valoriza a parceria e a reciprocidade, criamos uma cultura na qual todos podemos aprender a amar. Não pode haver amor onde há dominação. E, sempre que fazemos o trabalho do amor, estamos fazendo o trabalho de acabar com a dominação. O desenvolvimento de práticas de escuta ativa possibilita a formação de laços para além das diferenças. Quando abraçamos a diversidade como uma prática que pode enriquecer, libertar e transformar nossa vida, mostramos, através de nossas ações, que a afirmação da diversidade pode revitalizar modos de saber, trazer novas energias à aprendizagem e nos capacitar para trabalhar pela justiça conforme tornamos a educação uma prática da liberdade. Ao adotar a diversidade, podemos trabalhar juntos por mudanças que nos auxiliem a viver mais plenamente, a viver uma vida significativa.

03.
solidariedade: relações raciais entre mulheres

Nos Estados Unidos, a questão racial é abordada sempre como uma competição entre homens. No entanto, são as mulheres, em última instância, que fazem a maior parte do trabalho prático, como genitoras, professoras e trabalhadoras culturais. São elas que ensinam gerações de mentes jovens o que pensar e saber sobre raça. E, como consequência desse trabalho generificado, mulheres de todas as raças ensinam o pensamento e a prática da supremacia branca. Ensinam o que sabem e o que aprenderam. Teóricos visionários que tratam da questão racial concordam que, para que este país fosse capaz de confrontar as raízes profundas da raça e do racismo, todos nós precisaríamos enfrentar o pensamento e a prática da supremacia branca; todos nós precisaríamos olhar para as maneiras como somos responsáveis por continuamente criar e manter esse sistema de dominação. Para realizar esse trabalho, é preciso enxergar de forma nítida o papel desempenhado pelas mulheres no apoio e na perpetuação do racismo.

Dado o poderoso papel que as mulheres desempenharam ao longo da história desta nação, tanto na perpetuação da supremacia branca quanto na luta de resistência contra o racismo, é essencial que olhemos para elas se quisermos de fato entender como esse drama se desenrola em nosso mundo atual. O movimento feminista contemporâneo empurrou o discurso da raça e do racismo nos Estados Unidos em direções muito mais progressistas do que qualquer outra luta por libertação. Não por acaso, a insistência feminista visionária radical de que examinássemos as interseções entre raça, sexo e classe forjou uma nova base para a compreensão da raça. Essa insistência começou a criar um contexto para a solidariedade feminista entre massas de mulheres de todas as raças e classes, focalizando também, e de modo profundo, a branquitude e o privilégio branco. E permitiu que mulheres enxergassem que uma solidariedade politicamente enraizada, capaz de alcançar todas as raças, era totalmente ameaçadora ao patriarcado supremacista branco capitalista imperialista. O pensamento e a prática feministas ganharam força e impulso, criando uma revolução de valores em nossa vida, e o mesmo ocorreu com a retaliação antifeminista.

Ao analisar criticamente o papel das mulheres nas discussões de raça e racismo, é fácil perceber como o pensamento patriarcal, sobretudo quando transmitido pela grande mídia, tem explorado noções de sororidade e solidariedade femininas de modo a eliminar todas as evidências de conscientização feminista, a apagar todos os indícios de que as mulheres podem se unir, além da raça, para estabelecer formas de solidariedade que permitam a todas nós maior acesso a uma vida de bem-estar máximo. Dado o retrocesso patriarcal da supremacia branca antifeminista, é crucial que voltemos nossa atenção, mais uma vez, para as maneiras como as mulheres se relacionam com as questões raciais, que observemos como as mulheres brancas não esclarecidas estão individualmente conectando as lutas pela emancipação das mulheres à manutenção da supremacia branca.

O pensamento crítico acerca da relação histórica entre mulheres brancas e negras revela até que ponto esses dois grupos são instigados um contra o outro pela cultura dominadora de maneiras que servem à manutenção do status quo. Basicamente, a mensagem que esses dois grupos historicamente receberam da cultura dominadora é que um grupo não pode ser libertado a menos que o outro permaneça escravizado. É a compreensão dessa mensagem que deixou e continua deixando a maioria das mulheres negras temerosa em relação a alianças com mulheres brancas; temerosa de que quaisquer ganhos alcançados pelas mulheres brancas na estrutura social atual significarão retrocessos para mulheres negras/de cor. Em retrospecto, é evidente que, uma vez que as mulheres têm procurado unicamente obter poder dentro da estrutura social atual, essa tem sido uma suposição correta.

O movimento feminista pode ter inserido na agenda política o chamado para a sororidade, mas a psique da grande maioria das mulheres brancas não estava preparada para investigar e compreender completamente as diferenças de classe e de raça que tornariam e tornaram a união entre ambos os grupos difícil, se não impossível. Historicamente, a relação entre mulheres brancas e negras é caracterizada pela dominação, com mulheres brancas exercendo poder sobre mulheres negras. E o ambiente doméstico era onde essa relação desigual ficava mais aparente. Dois comentários feitos por mulheres negras adultas sobre seu trabalho no mundo doméstico dos brancos permaneceram comigo na minha infância no mundo segregado do sul. Mamãe estava no modo de consciência crítica orgânica pura quando me dizia repetidamente: "Você pode pegar o que os brancos têm a oferecer, mas não precisa amá-los". O segundo comentário vinha, com frequência, de mulheres negras que trabalhavam como domésticas e declaravam com grande vigor: "Nunca vi uma mulher branca com mais de doze anos que eu possa respeitar". Mamãe trabalhava de vez em quando como doméstica em casas de mulheres brancas, assim como outras mulheres negras de nossa comunidade. Elas raramente compartilhavam qualquer apreço pelas mulheres brancas para as quais trabalhavam. Mais importante ainda, compartilhavam a repugnância pela forma desagradável como eram mantidos aqueles lares e pelo que consideravam ser a preguiça generalizada das mulheres brancas que as empregavam.

Mulheres brancas podem ter recebido um status maior com base no critério da raça, mas as mulheres negras se viam como as verdadeiras e melhores donas de casa. Minha mãe estava se aproximando da meia-idade quando começou a trabalhar ocasionalmente como doméstica para famílias brancas. O que mais a surpreendeu — essa mulher negra que viveu toda a sua vida no mundo segregado da cultura negra e por boa parte do tempo foi sustentada financeiramente por um marido que não queria que a esposa trabalhasse fora de casa, que cresceu em um mundo que sempre dava mais valor às mulheres brancas — foi a desordem e a sujeira generalizada dos lares dos brancos. Ela não acreditava no modo como as pessoas brancas jogavam suas roupas sujas no chão, inclusive roupas íntimas, e as deixavam lá. Quando desconstruído, esse nível de "imundície" — a palavra que as mulheres negras usavam para descrever o que viam nas casas brancas — projetava fantasias racializadas acerca da natureza pura e mais elevada da identidade feminina branca.

Pouquíssimas mulheres negras, inclusive minha mãe, tinham visto qualquer imundície nas modestas casas de negros da classe trabalhadora. Em meus primeiros escritos feministas, descrevi essas trabalhadoras domésticas negras como antropólogas orgânicas, que colhiam observações e críticas em suas andanças pelo universo da branquitude. Nunca ouvi nenhuma mulher negra que trabalhava como doméstica em casas de brancos falar sobre seu amor por aquelas famílias que conheciam intimamente. Na minha infância, o que escutava dessas mulheres negras era desconfiança, ressentimento e desprezo generalizado em relação às empregadoras brancas.

Quando comecei a ministrar um curso com ênfase em escritoras afro-estadunidenses na Universidade Yale, minhas aulas eram muitas vezes palco de grandes conflitos e dramas entre mulheres brancas e negras que viam o mundo de acordo com perspectivas completamente diferentes. Tenho lembranças vívidas de uma aula em que uma aluna branca compartilhou como a cuidadora negra em sua casa "amava" a família e como eles a amavam. Quando pedi que compartilhasse de que modo sabia que a cuidadora negra amava seus "brancos", ela não conseguiu responder. No entanto, teve uma perturbação emocional extrema quando lhe foi sugerido que a mulher negra que cuidava de sua família pudesse fingir afeição enquanto, de fato, reprimia a raiva e o ressentimento em relação a todas as pessoas brancas, incluindo aquelas para quem trabalhava. Nesse momento, a aluna ficou enfurecida com os colegas por se atreverem a questionar sua construção sentimental acerca das relações entre trabalhadoras domésticas negras e as famílias brancas de que cuidavam. Naquela época, assim como em tempos mais recentes, fui lembrada de como parece ser importante para as pessoas brancas, em especial aquelas que vivem dentro da cultura dominadora da supremacia branca, acreditar que são amadas por suas funcionárias negras. Essa noção de que as pessoas em posições de impotência são de alguma forma capazes de transcender a exploração, a opressão ou simplesmente as circunstâncias injustas e oferecer amor àqueles que exercem poder sobre elas é uma fantasia.

Sem dúvida, eu e outros alunos da turma, cujas mães haviam trabalhado em lares de brancos, nunca as ouvimos falar de amor por seus patrões brancos. Falavam de afeto por crianças brancas, mas a maioria expressava ressentimento pelo trabalho árduo e pelos baixos salários pagos pelos adultos brancos, bem como pelas interações desumanas que vivenciavam durante o trabalho. Em seu elucidativo livro *Between Women: Domestics and Their Employers* [Entre mulheres: trabalhadoras domésticas e suas empregadoras], a socióloga Judith Rollins examina a perspectiva das mulheres negras que trabalham como empregadas domésticas e das mulheres brancas que as contrataram. Ao documentar a ausência de manifestações sobre laços de amor da parte de ambos os grupos, ela aborda a complexidade da cultura dominadora e como ela afeta as mulheres que prestam serviços domésticos para outras mulheres. O trabalho de Rollins revela que houve um nítido reconhecimento da maneira pela qual as diferenças de raça e classe operaram contra a formação de laços afetivos.

Uma empregadora branca compartilhou abertamente seu embate com a questão ética envolvida na contratação de trabalhadoras domésticas em um momento em que o movimento de libertação das mulheres chamava a atenção para a desvalorização desse serviço. Ela foi afetada pelas "questões éticas" quando o movimento de mulheres enfatizava "a exploração envolvida quando uma mulher, sentindo que deveria estar livre da merda do trabalho doméstico, exigia que outra pessoa o fizesse", e declarou:

> Percebi que tive problemas em contratar ajuda por causa da minha culpa e preocupação com a exploração de pessoas [...]. É possível estabelecer uma relação profissional dentro de uma casa? [...] Quem suportaria uma merda dessas por escolha? Por que alguém escolheria um trabalho mal remunerado, que não dá proteção nem status? E que é tão pouco prazeroso!

Esse tipo de reflexão honesta sobre o pano de fundo de raça, classe e gênero enfrentado por mulheres ao tratar de suas relações na arena do trabalho doméstico é, com frequência, articulado por mulheres negras, mas raramente por mulheres brancas.

Nas poucas ocasiões em que as mulheres brancas são questionadas sobre suas relações com as trabalhadoras domésticas negras, muitas gostam de sugerir que existiam e existem laços afetivos e sororidade compartilhados entre os dois grupos. A necessidade sentida pelas mulheres brancas de humanizar um relacionamento que muitas vezes era e é desumanizante é sempre evidente nas interações entre mulheres brancas e negras. E, dado o poder e o status que a branquitude oferece às mulheres brancas — o "privilégio" de ser a pessoa que define a realidade —, faz todo o sentido que muitas mulheres brancas que contratam mulheres negras pagando salários baixos, explorando tanto seu tempo quanto sua imagem, precisem acreditar que as conexões positivas superam quaisquer interações negativas.

Individualmente, mulheres negras/de cor estavam entre os primeiros grupos de teóricas feministas a interrogar interseções de raça e gênero, por meio das quais brancas e negras são postas umas contra as outras, de modo a mostrar as lacunas e os defeitos do outro grupo. A desvalorização de mulheres negras, praticada desde a escravidão até os dias atuais, levou a sua representação contínua como vigorosas, agressivas, raivosas e irracionais até o ponto da absoluta insanidade, o que contrasta perfeitamente com as mulheres brancas que mostram contínua lealdade ao patriarcado e são então representadas como impotentes, submissas e dispostas a aceitar ordens e a se subordinar à vontade dos mais "racionais", isto é, dos homens dominadores. Não por acaso, esses estereótipos machistas racializados puramente binários foram desfeitos quando o movimento feminista não apenas alterou a natureza dos papéis de gênero mas também revelou a extensão real da ânsia de algumas mulheres brancas por afirmar poder, mostrar agressividade e agir como os patriarcas que o movimento de libertação das mulheres criticava. Quando o poder das mulheres brancas, em todas as suas formas, saiu do armário, parecia óbvio que os meios de comunicação de massa começariam a construir imagens de mulheres negras e brancas lutando entre si pela posição de mulheres dominantes. Embora a categoria "cadela"[4] tenha sido usada contra mulheres negras para nos desumanizar e impor a exploração e a opressão, mulheres brancas começaram a se chamar de "cadela" como um rótulo de orgulho e poder.

4. hooks emprega o adjetivo *bitch*, que em tradução literal significa "cadela" mas é empregado como insulto a mulheres consideradas agressivas, não confiáveis, rudes etc. Mais recentemente, mulheres têm se apropriado do termo para se referir de forma positiva umas às outras. [N.E.]

Quando Hillary Clinton entrou na Casa Branca [como primeira-dama], sua presença foi inicialmente percebida como uma vitória para a libertação das mulheres. Ela não estava ali atrás do seu homem; ela ofereceu ao mundo a imagem da nova mulher independente ao lado de seu homem, em parceria igualitária. Seu uso do poder foi rapidamente ridicularizado na mídia patriarcal. Assim como as representações negativas que assolam todas as mulheres negras, ela foi descrita como dominadora e castradora, retratada como uma vagina voraz e louca, ansiosa por devorar o homem patriarcal. Tida como ícone feminista no mundo todo, foi encarada como uma ameaça perigosa: como a possibilidade de o feminismo conquistar este país, se não o mundo. Quando as primárias do Partido Democrata a colocaram contra Obama, a raça e o gênero mais uma vez foram postos um contra o outro. Apoiar Hillary era apoiar o feminismo. Escolher Barack era estar com um patriarcado revitalizado.

Quando o pensamento e a prática feministas se tornaram a norma para muitas mulheres brancas, as mulheres negras se esforçaram para entender se seria de nosso interesse coletivo apoiar o movimento feminista. A maioria das mulheres negras via a libertação das mulheres, tanto em sua gênese como em sua forma atual, como outra ferramenta para dar mais poder às mulheres brancas, que teriam, consequentemente, mais poder para dominar pessoas negras. Ainda que teóricas feministas visionárias tenham oferecido uma compreensão mais perspicaz das interconexões entre raça, classe e gênero, o público, de modo geral, não leu nosso trabalho. Apesar do nosso apelo por uma sororidade baseada em uma compreensão realista das diferenças e por solidariedade entre as mulheres, as mulheres negras continuaram a sentir que não podiam confiar nas mulheres brancas para proteger seus interesses e que, se tivesse a chance, a maioria das mulheres brancas tentaria dominar mulheres negras.

O machismo racializado tem colocado as mulheres negras contra as brancas desde a escravidão até a atualidade, e as negras, na maior parte das vezes, têm perdido a gincana para ver quem encarna a visão mais perfeita da feminilidade aceitável. Esse status quo foi desafiado em 1959, quando *Imitação da Vida*, filme melodramático de Douglas Sirk, tornou-se um sucesso de bilheteria. Oferecendo uma crítica perspicaz em *Where the Girls Are: Growing Up Female with the Mass Media* [Onde estão as meninas: crescer como mulher em meio à grande mídia], Susan Douglas mostra o modo como a cultura midiática dominante colocou mulheres negras e brancas umas contra as outras:

> O que é especialmente interessante aqui é a reversão operada por Sirk: a mulher loira e clara é egocêntrica e má, e a mulher mais escura é boa e se assemelha a Cristo. Em geral, a cultura popular representava justamente o contrário, embora as mulheres negras, quando atuavam em filmes ou na TV, só recebessem os papéis de mães primordiais generosas que falavam confundindo palavras e amavam crianças brancas mais do que a seus próprios filhos. Vemos aqui como as mulheres negras e brancas eram usadas umas contra as outras na cultura popular estadunidense — a mulher branca incorporando padrões de beleza impossíveis de ser alcançados pelas mulheres negras, e a mulher negra servindo como poderosa censura moral ao narcisismo autoindulgente da mulher branca que ousa pensar por si mesma.

Essas dinâmicas podem facilmente descrever a competição contemporânea entre a imagem de Hillary Clinton e a de Michelle Obama, por meio da qual, mais uma vez, a questão levantada foi: "Mulheres de verdade, por favor, se apresentem!".[5]

Tragicamente, esse machismo racializado e a guerra melodramática entre mulheres negras e brancas que ele evoca permanecem a norma na cultura supremacista branca. Essa situação ficou mais evidente do que nunca durante a campanha presidencial de Barack Obama. Com muita frequência, a mídia conservadora de direita representava Michelle Obama como uma mulher negra violenta, castradora, agressiva e controladora. Seguindo o rastro de Hillary Clinton, cujas tendências feministas haviam alienado uma grande maioria do público estadunidense, que a considerava muito controladora, castradora e, no pior dos cenários, uma mulher que odeia homens, Michelle Obama foi retratada, de início, como potencialmente pior do que Hillary Clinton. Para contrapor essa imagem tanto na campanha quanto em sua bem-sucedida eleição para a presidência, os Obama proclamaram ao mundo que a vida familiar na Casa Branca seria organizada em linhas patriarcais tradicionais, mesmo que benevolentes. De repente, a imagem de Michelle Obama foi construída como o polo oposto de Hillary Clinton. Assim como a imagem da abnegada mãe primordial de Douglas Sirk, Michelle Obama era representada, em primeiro lugar, como uma mulher preocupada com a família. Depois da eleição, foi cada vez mais representada como a personificação

---

5. A autora se refere a *Will the Real Women... Please Stand Up!* (1997), de Ella Patterson, título de um guia para todas as mulheres que trata de sexo, sensualidade e autodescoberta. [N.T.]

da esposa e mãe perfeita, atrás de seu homem, mostrando ao mundo que ele estava no controle.

Durante seu discurso na Convenção Nacional do Partido Democrata, em 2008, Michelle Obama declarou:

> Estou aqui como a esposa que ama o marido e acredita que ele será um presidente extraordinário. Estou aqui como mãe, como uma mãe cujas filhas são o núcleo do meu coração e o centro do meu mundo — elas são meu primeiro pensamento quando acordo e a última coisa em que penso antes de me deitar. O futuro delas — e o futuro de todos os nossos filhos — é minha aposta nesta eleição.

A partir desse momento, Michelle Obama tranquilizou definitivamente a nação: não seria como Hillary Clinton, e sua contribuição seria se dedicar à família, tanto a sua quanto às de toda a nação.

As manchetes nas revistas femininas celebravam o triunfo da maternidade sacrificial na Casa Branca. Na verdade, Michelle Obama começou a falar de si mesma como "comandante mãe". Inconscientemente ou não, a representação de Michelle Obama foi usada para minar o movimento feminista, para fazer parecer que, embora uma mulher pudesse ser uma advogada formada em Harvard, e tão brilhante que seus professores acreditavam que ela própria seria uma excelente candidata à presidência, seu principal e mais importante papel na vida era o de esposa e mãe. E, quando questionado sobre o papel de Michelle Obama na Casa Branca, Barack Obama informou ao mundo que ela não ajudaria a administrar o governo, mas cuidaria dos assuntos da família. Ainda está em vigor o antigo uso de mulheres negras para lembrar as mulheres brancas e a todas as mulheres que a subserviência continua a ser a posição ideal para uma mulher na ordem machista. Sua insistência em que a mulher mais subordinada será a "rainha do dia" continua a operar como a força que põe grupos de mulheres uns contra os outros.

Seja nos romances divertidos do escritor branco sul-africano Alexander McCall Smith, que usa o corpo tradicionalmente robusto (ou seja, gordo) da mulher negra, seja na personagem Preciosa, que mostra a diferença entre mulheres brancas "liberais" negativas e suas correspondentes negras mais receptivas, seja nos filmes que mostram mulheres negras sendo escolhidas em detrimento de mulheres brancas combativas e rebeldes, a representação mais positiva de uma mulher negra ainda é a da matriarca martirizada. Essa imagem compete com a representação de mulheres negras como perigosas. Em seu programa de comédia *Kill the Messenger* [Mate o mensageiro], Chris Rock diz ao mundo que não podemos ter uma mulher negra na Casa Branca porque ela tentará governar, recusará a subordinação. De modo geral, é bastante evidente que, apesar da libertação das mulheres, no mundo do patriarcado supremacista branco capitalista imperialista as mulheres devem competir para que sejam escolhidas como a personificação da feminilidade perfeita, e tal competição deve ser encorajada de modo a impedir laços de solidariedade entre as mulheres de todas as classes e raças.

Nas etapas iniciais do movimento feminista, as mulheres trabalharam para nomear e resistir a esses estereótipos negativos. Em busca de uma compreensão das diferenças, do modo como a branquitude confere privilégio às mulheres brancas, incluindo o direito de dominar mulheres negras/de cor, a teoria feminista demandou que todas as mulheres desenvolvessem a consciência crítica e as habilidades para examinar e desafiar o patriarcado. A intenção era reconhecer a realidade da diferença de posições e perspectivas, mas também orientar as mulheres para que usassem essa compreensão e essa consciência como base para a construção de uma plataforma de solidariedade política que, por sua vez, serviria aos interesses de todas as mulheres e homens comprometidos em desafiar e transformar o patriarcado. Ao mesmo tempo, mulheres foram encorajadas a reconhecer experiências compartilhadas e laços comuns de sororidade, ao passo que deveríamos recusar qualquer construção sentimental do vínculo entre mulheres que nos impedisse de reconhecer as hierarquias de classe e de raça, bem como a diferença criada por essas hierarquias.

Dentro de pequenos círculos do movimento feminista visionário, os objetivos da sororidade eram frequentemente realizados. Dentro da cultura dominante, no entanto, noções sentimentais de sororidade não apenas se tornaram a norma, mas eram celebradas. Vínculos entre mulheres não levavam mais à solidariedade política, no intuito de desafiar e transformar o patriarcado — tudo foi reduzido à intimidade. Livros como *A cor púrpura*, *Paraíso*, *Divine Secrets of the Ya-Ya Sisterhood* [Divinos segredos da irmandade Ya-Ya], *A vida secreta das abelhas*, entre outros, ofereceram imagens de um mundo de vínculos femininos cotidianos sem conexão com a luta política feminista organizada. Muitos dos filmes e livros que pretendiam mostrar um universo de laços celebratórios entre mulheres simplesmente reforçavam o pensamento e as práticas do patriarcado supremacista branco capitalista imperialista.

Filmes como *Simplesmente Complicado*, no qual a sofredora Jane, uma mulher branca de meia-idade interpretada por Meryl Streep, passa por um luto prolongado depois do fim de seu casamento com Jake (interpretado por Alec Baldwin), sintetizam esse retrato sentimental. Jake, traidor e infiel, havia abandonado Jane há dez anos e se casado com uma mulher mais jovem, de pele escura, bonita, egocêntrica e potencialmente dominadora. Representada como sensual e exótica, ela é a mãe de um menino de pele escura, Pedro, retratado como o Sr. Macho que controla tanto a mãe quanto o padrasto. Quando começa a ter um caso com o ex-marido, Jane se reúne com um grupo de amigas, todas brancas como ela, e tagarela em tom de triunfo: derrotou a mulher mais jovem por meio da traição. É a vingança perfeita. Nenhuma menção é feita à etnia da mulher mais jovem, mas é óbvio que ela não compartilha da "branquitude" privilegiada que liga Jane e seus círculos de sororidade.

A mensagem do filme sugere que é aceitável, para mulheres brancas, demonstrar fidelidade e lealdade intensas às suas semelhantes, enquanto destroem a vida das que são diferentes delas. Quanta solidariedade feminista! É difícil decidir o que é mais perigoso: a proliferação de livros e filmes que colocam mulheres brancas e negras umas contra as outras ou os diversos livros e filmes recentes que retratam mulheres negras na posição da *mammy*[6] que fornece estratégias de sobrevivência aos amáveis filhos brancos e crescidos de mulheres brancas.

---

6. O estereótipo negativo da *mammy* se refere a uma serviçal fiel e obediente que, em geral, faz trabalhos domésticos e cuida da família de seus senhores; na cultura brasileira, corresponderia ao estereótipo da "mãe preta". [N.T.]

A recente e bem-sucedida publicação do livro *A resposta*, de Kathryn Stockett, é um exemplo perfeito dessa tendência. Escrevendo do ponto de vista de trabalhadoras domésticas negras nos anos 1960, as personagens negras de Stockett revelam, como diz a autora, "verdades" sobre elas mesmas e sobre as mulheres brancas para quem trabalham. No posfácio do livro, Stockett admite ter sido criada, durante certo tempo, por uma trabalhadora doméstica negra. Corajosa, ela revela: "Eu tinha medo de falhar ao tentar descrever uma relação que era tão intensamente influente na minha vida, tão amorosa, tão grosseiramente estereotipada na história e na literatura americanas". É evidente que ela superou esse medo, porque seu livro é tão grosseiramente estereotipado quanto qualquer outro livro de ficção na história da literatura estadunidense que pretenda oferecer uma visão interior das relações entre trabalhadoras domésticas negras e as mulheres brancas que elas servem.

Continuando seu autoelogio no posfácio, Stockett diz aos leitores que há uma frase no livro que ela valoriza acima de todas as outras. Sua protagonista branca "escritora" declara, acerca de seu relacionamento com uma mulher negra: "Não era esse o objetivo do livro, afinal? Que as mulheres se dessem conta: somos só duas pessoas. Não há tanto assim a nos separar. Nada do que eu havia imaginado". É desnecessário dizer que não há nada que sugira que a autora desse romance de estreia surpreendentemente bem-sucedido tenha aprendido qualquer coisa com a teoria feminista ou com críticos culturais que estudam as dinâmicas da raça e da representação. Ela não precisa questionar sua posição, seus valores, suas políticas antes de começar a escrever.

Naturalmente, como Richard Dyer ressalta em sua discussão sobre o privilégio branco no tratado cultural *White* [Branco], a verdade é que os brancos simplesmente não são convocados a questionar as suposições que fazem sobre a vida e a voz de outros não brancos. Dyer explica:

> Enquanto a branquitude continuar sendo percebida como a condição humana, somente ela definirá a normalidade e a habitará plenamente. [...] a correspondência entre ser branco e ser humano assegura uma posição de poder. As pessoas brancas têm poder e acreditam que pensam, sentem e agem como e para todas as pessoas; pessoas brancas, incapazes de enxergar suas particularidades, não podem levar em conta as das outras pessoas; os brancos criam as imagens dominantes do mundo e não percebem muito bem que constroem o mundo à sua própria imagem; pessoas brancas estabelecem padrões de humanidade por meio dos quais são obrigadas a ter sucesso enquanto os outros são obrigados a fracassar.

Vale a pena citar essa passagem por completo porque ela ilumina o narcisismo geral subjacente à criação das personagens negras de Stockett, que falam em um dialeto mais adequado a períodos históricos de extrema segregação racial (a era Jim Crow) do que dialetos dos tempos modernos. Muitos trechos parecem imitar diretamente *A cor púrpura*, de Alice Walker, que com certeza é repleto de imagens estereotipadas, mesmo quando Walker justapõe essas imagens antigas a uma representação radical.

De fato, pode-se ver o trabalho de Stockett como parte de uma longa linhagem de histórias sentimentais que visam dizer ao mundo que conexões emocionais positivas forjadas entre opressor e oprimido, explorador e explorado são mais poderosas do que práticas desumanizadoras. Apesar de a história documentar o modo como indivíduos de todos os tipos podem, em determinadas circunstâncias de dominação, vencer o ódio e criar laços positivos, essa experiência nunca foi e não é comum. Stockett não examina seu fracasso em manter os laços com a trabalhadora doméstica negra que afirma ter "amado" tanto. Seguramente, era mais fácil para mulheres negras, escravizadas ou livres, desenvolver laços afetivos com crianças brancas inocentes do que com os muitos adultos brancos que ratificavam o racismo cotidiano e seus vários atos cruéis, abusivos e grosseiros. Na reveladora autobiografia de sua abastada família nas plantations do Kentucky, Sally Bingham documenta a maneira como seus parentes difamavam "pretos" na mesa de jantar, como se as pessoas negras que os serviam fossem invisíveis ou surdas. Tais encenações sociais de privilégio supremacista branco não deixam cicatrizes como as ocasionadas por punições físicas severas ou por abusos verbais brutais, mas, independentemente da resposta de um indivíduo negro — por mais paciente, acolhedora ou gentil com os senhores ou empregadores brancos —, o assassinato da alma[1] acontecia com mais frequência do que se imagina. E a pessoa negra, tão dominada, era subjugada.

Essa é, sem dúvida, uma das razões pelas quais pessoas negras, sobretudo mulheres negras que trabalhavam como domésticas, na privacidade de seus lares em geral falavam mais sobre

---

1. *Soul murder*, em inglês. O termo se refere ao ato de desconsiderar os outros, sobretudo aqueles cuja vida depende de nós, causando no ser humano desprezado a destruição de seu amor à vida. [N.T.]

a falta de consideração e a crueldade das mulheres brancas do que sobre laços afetivos. Lembro-me de um único nome de uma mulher branca para quem minha mãe trabalhava como doméstica. Lembro-me do nome dessa mulher porque mamãe falava dela como uma empregadora bondosa e justa. No mundo segregado de nossa cidade, não me lembro de nenhuma das pessoas adultas com quem cresci falarem de amar os brancos, nem mesmo de gostar deles. Admiração às vezes, inveja, ciúmes, até mesmo reverência, mas nunca declarações de amor. Esse quadro se repetia no círculo de mulheres negras que eram colegas e amigas da minha mãe. No entanto, Stockett não hesita em proclamar: "Havia muito mais amor entre as famílias brancas e as trabalhadoras domésticas negras do que tive os meios ou o tempo de mostrar". Considerando o pensamento supremacista branco, é alguma surpresa que esse amor mítico seja mencionado principalmente por mulheres brancas?

Em seu posfácio, Kathryn Stockett reconhece que, quando menina, olhava para pessoas negras com desdém e pena, declarando: "Fico constrangida em admitir isso agora", e confessa que acreditava que Demetrie, a mulher negra que cuidava dela e de seus irmãos, "era sortuda por nos ter". Em nenhum lugar, seja em seu relato fictício, seja em suas justificativas autobiográficas no final desse romance de estreia, ela compartilha se a criação de suas personagens trabalhadoras domésticas negras foi ou não embasada em uma perspectiva antirracista pró-feminista. É difícil imaginar as relações reais que inspiraram esse livro, já que a "amada" cuidadora negra, que ela tanto elogia, foi esquecida logo depois de a autora entrar na adolescência. No entanto, quando Stockett se lembra dela, é capaz de estender um "atrasado agradecimento a Demetrie McLorn, que nos carregou a todos do hospital, enrolados em cobertores de nenê, e passou a vida nos alimentando, juntando coisas atrás de nós, nos amando e, graças a Deus, nos perdoando". Tal como Richard Dyer destaca em *White*, Stockett, como uma figura de autoridade branca, não precisa documentar de forma alguma como compreendeu a experiência emocional de sua cuidadora negra adulta, em especial de que modo essa figura da *mammy* moderna, construída com base em suas memórias da infância, teria lhe concedido o perdão.

Para aquelas mulheres negras/de cor e para nossas aliadas de luta brancas, que passaram anos trabalhando para revelar a história esquecida e enterrada, que trabalharam para tirar a vida de todas as mulheres do reino da projeção e da fantasia patriarcal supremacista branca, com o objetivo de que todos pudessem ter uma compreensão nítida e precisa da vida real de mulheres reais, ficções como a de Stockett agem como obstáculos. Todas nós já ouvimos comentários que descrevem esse livro como uma história documental. E, mesmo quando são informadas de que se trata de um trabalho problemático de ficção, algumas mulheres brancas optam por utilizá-lo em sala de aula, ignorando críticas bem fundamentadas. Afinal, por que deveriam prestar atenção nas ideias de mulheres intelectuais de cor e brancas quando elas, como Stockett, usam o privilégio branco para afirmar que sabem mais e melhor do que nós, meras estudiosas, teóricas críticas e escritoras de livros?

É significativo que uma das intervenções mais importantes articuladas por teóricas feministas visionárias tenha sido o reconhecimento de uma maneira para que todas nós possamos nos desinvestir dos privilégios de raça, classe e gênero: deixar quem quer que consideremos o "outro" falar com sua própria voz. Encorajamos mulheres, especialmente as humilhadas, as esquecidas e as desprivilegiadas, a procurar dentro de si e encontrar palavras para contar suas próprias histórias. Isso não implicava nenhuma prescrição absoluta de que não falássemos, às vezes, em nome dos outros, ou de que nunca usássemos nossa voz privilegiada para contar a história de mulheres que se tornaram impotentes pelas circunstâncias. Ao contrário, a reivindicação era para que nos conscientizássemos dos perigos que surgem quando nos apropriamos de histórias que conhecemos apenas por meio de rumores ou de uma imaginação limitada, elevando-as ao nível de verdade absoluta. Há escritoras negras que criaram personagens femininas tão falhas e caricaturais quanto as personagens de *A resposta*. Elas, assim como Stockett, são responsáveis pelas imagens que produzem, sobretudo quando vendem seu trabalho em um mercado dominante que, em todas as frentes, é dominado e controlado por pessoas que raramente assumiram o compromisso de desaprender o racismo ou acabar com a supremacia branca. O trabalho de Stockett não é a contribuição solitária de uma única mulher branca. Não há dúvida de que existe um círculo de pessoas brancas educadas que fizeram desse livro um sucesso comercial, dos primeiros leitores até os muitos críticos brancos que nos dizem como ele é maravilhoso.

Todas as mulheres brancas esclarecidas e as mulheres negras/de cor que escrevem e comercializam livros sabem que imagens descolonizadas de mulheres negras não vendem tão bem quanto imagens que colonizam, que reproduzem estereótipos racistas e machistas. Por um breve período na história do nosso país, durante o auge do movimento feminista contemporâneo, escritoras negras/de cor receberam uma escuta poderosa. E surgiu uma variedade de vozes e perspectivas. Algumas eram conservadoras, outras reforçavam o status quo existente, algumas eram radicais. Então, conforme o mundo editorial e da publicidade se transformava, não foram obras de feministas negras/de cor que cresceram em forma e quantidade. Em vez disso, nós nos tornamos o tema da produção de uma nova geração de jovens mulheres brancas educadas que se consideram as melhores porta-vozes para contar ao mundo a realidade de quem realmente são e como vivem as mulheres de cor. Um exemplo perfeito dessa tendência é a não ficção criativa jornalística *A vida imortal de Henrietta Lacks*, da escritora branca Rebecca Skloot.

Ironicamente, embora Michelle Obama — uma das mulheres negras de maior visibilidade em nosso país — seja uma mulher educada em Harvard, que chegou ao topo de sua profissão de advogada, ela basicamente foi silenciada pela exigência pública de não agir como uma "feminista" (isto é, não agir como Hillary Clinton). Somos bombardeadas por mulheres brancas que nos fornecem suas versões de imitações de mulheres negras em estilo *blackface*, enquanto mulheres negras reais são silenciadas. A poeta feminista Audre Lorde já compartilhou a reflexão de que, "quando falamos nós temos medo/ de nossas palavras não serem ouvidas/ nem bem-vindas". No entanto, ela nos diz: "mas quando estamos em silêncio/ ainda estamos com medo./ Então é melhor falar". Os livros sentimentais que enfocam o vínculo feminino acolhedor que por acaso acontece entre pessoas de diferentes raças, classes e sexualidades (porque todas as mulheres compartilham uma realidade comum) anulam, à sua maneira, o trabalho feminista que ensina a todos a não apenas olhar, de vez em quando, para o que une superficialmente as mulheres apesar das diferenças, mas também para o que com muita frequência nos separa. Teóricas feministas exigem que examinemos as forças que nos separam e nos colocam umas contra as outras, mantendo-nos reféns do pensamento e dos valores patriarcais. Dentro do patriarcado, as mulheres são encorajadas a competir constantemente entre si, a se ver como inimigas. O romance sentimental de pseudossororidade e o mundo de sororidade divertida que ele projeta não alteram essa realidade.

Que tal trabalho prolifere não pareceria uma tendência tão perigosa se essas ficções no estilo de *Imitação da vida* (como a de Stockett, transformada posteriormente em filme de Hollywood) fossem publicadas ao lado de muitos outros trabalhos derivados da imaginação descolonizada de mulheres e homens esclarecidos de todas as raças, e especialmente de mulheres de cor. Não impressiona o fato de que mulheres brancas privilegiadas, um dos principais públicos consumidores de livros no nosso país, prefiram ler ficções melodramáticas que proporcionam fantasias sentimentais de relacionamentos entre mulheres negras e brancas a ouvir histórias fictícias ou documentais que falem mais de raiva e ódio, bem como de vínculos afetivos. Sem dúvida, será preciso uma escritora profundamente honesta para contar histórias verdadeiras, mesmo que em número reduzido, sobre como colonizador e colonizado podem se unir em resistência e aprender a se importar profundamente uns com os outros, de maneiras recíprocas.

A escrita — ficcional ou não — que se pauta na vida de mulheres, ao mesmo tempo que impulsiona narrativas essencialmente antifeministas, muitas vezes mais comercializadas pelo marketing e pela crítica patriarcal masculina, também instigam e conspiram com uma retaliação antifeminista. Nesse sentido, outro exemplo pode ser o livro de memórias best-seller de Elizabeth Gilbert, *Comer, rezar, amar*, que usa principalmente um elenco de pessoas de cor exóticas como pano de fundo e apoio colorido para a jornada de uma mulher branca em direção à autorrealização. Quando seu livro de memórias chega ao fim, Gilbert declara: "Acreditem em mim: não tenho nenhuma nostalgia do patriarcado. Mas o que passei a perceber foi que, quando o sistema do patriarcado foi (felizmente) desmantelado, ele não foi necessariamente substituído por outra forma de proteção". Comentários como esse ajudam a reforçar a fantasia popular de que o patriarcado acabou e que de fato o movimento feminista se tornou obsoleto. Em sua crítica brilhante sobre o livro de Gilbert na revista *Bitch*, Joshunda Sanders e Diana Barnes-Brown explicam essa tendência:

> Não é nenhum segredo que, de acordo com a máquina de marketing estadunidense, estamos vivendo em um mundo "pós-feminista", onde muitas pessoas, ao falarem de "empoderamento", referem-se ao poder de gastar seu próprio dinheiro. [...] Tal publicidade, e as mulheres que a compram, supõe que o trabalho do feminismo está em grande medida terminado. [...] Essa perspectiva facilita que o antifeminismo incorporado no jargão de bem-estar da *priv-lit*[8] ganhe fôlego.

---

8. *Priv-lit*, ou "literatura do privilégio", foi um termo cunhado pela revista *Bitch* na crítica citada por hooks e se refere a um gênero literário e midiático que tem como objetivo uma conscientização espiritual, existencial ou filosófica baseada em trabalho duro, comprometimento e paciência que, no entanto, só é acessível a mulheres economicamente privilegiadas. [N.E.]

Como esse pensamento antifeminista é muitas vezes ocultado, fica fácil vendê-lo.

No romance de Kathryn Stockett, os leitores são informados de que "a empregada sempre sabe". Mesmo assim, a cultura dominante mostrou pouco interesse em ouvir a voz da empregada, sobretudo quando tais vozes são pobres, negras e mulheres. Claramente, a popularidade do livro de Stockett, bem como de muitos romances sentimentais best-sellers que precederam seu trabalho, escritos por mulheres de todas as raças, é positiva apenas ao sugerir que mulheres de todas as raças estão ansiosas para se entender. A compreensão genuína deve estar enraizada na rejeição da cultura dominadora. E, como mulheres e homens comprometidos em desafiar e alterar essa cultura e eliminar o racismo, o patriarcado e o elitismo de classe, só podemos esperar que esse desejo de conhecer o outro leve as pessoas ao desejo de ouvir umas às outras, em um diálogo mútuo e honesto. Esse diálogo só pode ocorrer quando um espírito de resistência prevalece, um espírito que surge quando as mulheres ousam dizer a verdade juntas e, sobre essa base, criam a estrutura para uma sororidade feminista verdadeira e duradoura.

Quando as mulheres escolherem se unir para desafiar a supremacia branca, ocorrerá uma profunda revolução de valores. O amor à justiça será expresso por meio da transformação do pensamento e da ação. Teóricas feministas visionárias já mostraram a todos que podemos escolher ser desleais à cultura dominadora, que de fato podemos criar laços de solidariedade que ajudem a nos curar de todas as feridas traumáticas causadas pela violência racial, bem como dos traumas da opressão machista e classista.

Quando o mundo realmente ouve a voz das mulheres que trabalharam e estão trabalhando diariamente para descolonizar nossa mente, que vivem na alegria dessa transformação, todos nós podemos trilhar o caminho até a libertação maior, até a solidariedade. Essa jornada compartilhada nos levará a um lugar de paz e possibilidades. Então não precisaremos fortalecer espíritos feridos criando ficções sentimentalistas falsas para nos esconder, e poderemos abraçar as verdades que realmente nos libertam.

04.
procura-se ajuda: reimaginando o passado

Ao escrever sobre a publicação bem-sucedida do romance *A resposta*, de Kathryn Stockett, em um ensaio que analisa a maneira como as mulheres criam narrativas públicas sobre raça, enfatizo que uma das razões do sucesso do livro é, ironicamente, seu fracasso em oferecer relatos fictícios relevantes sobre as relações entre mulheres brancas e trabalhadoras domésticas negras na década de 1960. O livro e o filme[9] dizem muito pouco ao público sobre raça e racismo no sul profundo;[10] entretanto, contam muitas histórias sobre como as mulheres, em particular as brancas, interagem entre si e com as mulheres negras que trabalham para elas. O trabalho ficcional de Stockett foi e é um triunfo supremo de má literatura. Como os primeiros romances açucarados com os quais seu trabalho se assemelha, ela distorce, exagera e muitas vezes deturpa a vida das mulheres brancas e das trabalhadoras domésticas negras do sul a fim de criar um mundo repleto de crueldade feminina onde a sororidade e a

---

9. A tradução brasileira do romance ganhou o título de *A resposta*, enquanto a versão brasileira do filme chama-se *Histórias Cruzadas*. [N.T.]

10. *Deep South*, referência à região cultural e geográfica dos Estados Unidos composta pelos estados do sudeste do país. [N.T.]

solidariedade triunfam no final. Em vez do clichê vitoriano "leitor, casei-me com ele", o "felizes para sempre" desses livros é "leitor, eu estou livre". A mensagem profunda do momento: "contar sua história é libertador".

Apesar das muitas falhas, da ficcionalização extrema e melodramática dos suplícios das trabalhadoras domésticas negras nos anos 1960 que, confrontando a segregação racial legalizada e as terríveis desigualdades, não tiveram escolha a não ser servir em casas brancas, o romance *A resposta* tenta ser sério em alguns momentos. No entanto, o filme transforma a história toda em uma farsa e distancia de tal modo a luta pelos direitos civis que a relega a segundo plano e mal ganha dez minutos de tempo na tela. Esse reposicionamento oferece aos cineastas a liberdade de ignorar o rigor histórico e oferecer uma versão da luta pelos direitos civis que acontece principalmente entre mulheres brancas cruéis e ignorantes e trabalhadoras domésticas negras exploradas. Tanto o livro quanto sua adaptação cinematográfica tentam evocar a nostalgia do velho sul, quando a supremacia branca e a hierarquia de classes dominavam os costumes sociais, ao mesmo tempo que, de vez em quando, tentam chamar atenção para as falhas desse sistema.

Do ponto de vista da cultura política e do cenário social de nossa época, depois do maior desafio simbólico ao patriarcado supremacista branco capitalista imperialista (a instalação de um homem negro birracial na Casa Branca, acompanhado de sua mulher e filhas negras), a publicação do romance *A resposta* só pode ser encarada como retaliação, tanto contra o movimento para acabar com o racismo quanto contra o movimento feminista. Simplesmente não é possível que esse livro, uma ficção sentimental medíocre, tenha se tornado um best-seller por mérito. De fato, se *A resposta* não tivesse sido apoiado e totalmente respaldado por um império editorial e publicitário conservador, dominado por homens brancos, ninguém jamais teria ouvido falar desse trabalho, e certamente pouquíssimos leitores teriam debatido suas páginas. A partir do momento em que foi comprado, esse manuscrito foi sem dúvida posicionado pelos editores e pelas forças do marketing de forma sensacionalista e para causar impacto. Como poderia não ser escandaloso que, no momento histórico em que Michelle Obama, a mulher negra mais famosa do mundo, estava morando na Casa Branca e sendo servida por trabalhadoras domésticas, muitas delas brancas, o livro e o filme mais populares consumidos no mundo buscassem reafirmar a explorada e maltratada empregada doméstica negra do sul como a verdadeira materialização da feminilidade desejável?

É óbvio que essa narrativa corre em paralelo à autocaricatura de Michele Obama como "comandante mãe". Para se separar da imagem de feminista durona associada a Hillary Clinton, Michelle Obama optou por se representar, em primeiro lugar, como sempre e apenas obcecada pelos cuidados com sua família. Muitas pessoas esquecem que Clinton se autodenominou "feminista de família" — termo que a influente mulher branca Laura Ingraham, em seu odioso e polêmico *The Hillary Trap: Looking for Power in All the Wrong Places* [A armadilha de Hillary: procurando por poder em todos os lugares errados], argumentou que representava uma "armadilha de falsa sororidade". Ingraham estava tão ansiosa para acabar com Hillary Clinton em seu trabalho polemista que nunca empreendeu as autocríticas que a teriam ajudado a perceber que reagia agressivamente sempre que Clinton era mencionada.

O trabalho de Ingraham exala desrespeito, e esse tom não tem nada a ver com o certo ou errado de suas reflexões críticas. Há um paradoxo. Em dado momento, ela explica:

> Hillary é um modelo muito improvável para uma mulher que se preze, se você parar para pensar. Não importa quantos discursos inspiradores ela faça sobre trazer uma "nova dignidade e respeito às mulheres e meninas em todo o mundo", enquanto percorre o planeta à custa dos contribuintes. Uma mulher de destaque público que tolera infidelidade conjugal crônica [...] não defende a dignidade das mulheres. É ainda pior quando ela se dispõe a criticar mulheres vitimadas pela conduta sexual escandalosa de seu marido e tenta justificar tal comportamento culpando a mãe e a avó já mortas desse homem.

Apesar do tom cruel por trás desses comentários, Ingraham afirma, algumas linhas depois: "O único tipo de sororidade que funciona é aquele em que nos tratamos com decência e respeito enquanto pessoas, mesmo que discordemos respeitosamente de algumas questões". Contudo, nesse trabalho, não há respeito algum a Clinton.

Seria então uma surpresa para o público estadunidense o fato de Michelle Obama e os assessores que moldam sua imagem terem sentido tamanha necessidade de distanciar sua visão política da de Hillary Clinton, especialmente de sua política feminista? Ao se afastar de políticas feministas, Michelle Obama conseguiu moldar uma nova imagem para uma primeira-dama, e essa escolha teve consequências negativas de amplo alcance para mulheres e homens de todas as raças que são antimachistas e orgulhosamente advogam o feminismo, para não mencionar o impacto negativo nas massas de cidadãos que duvidam do valor do movimento. Durante toda a sua permanência no cargo de presidente, Obama corroborou unilateralmente a oposição antifeminista ao dar a impressão de que uma mulher na Casa Branca, como esposa e mãe, não podia também ser progressista e politicamente poderosa em todos os outros aspectos.

À medida que Michelle Obama, ao lado das pessoas que ajudaram a moldar sua imagem pública, destacou sua dedicação à família, ela criou uma narrativa que, até certo ponto, está totalmente em sincronia com o livro *A resposta* e sua adaptação cinematográfica, intitulada *Histórias Cruzadas*. Há muitas histórias contadas em *A resposta*, mas a principal é de que as trabalhadoras domésticas negras eram mães e cuidadoras substitutas em famílias brancas. O velho ditado "amamos os brancos mais do que eles amam a si mesmos" certamente valida a cultura fictícia da branquitude criada em *A resposta*. Apesar do incrível sucesso de marketing do livro, o filme é o que mais carrega essa mensagem de lealdade e devoção das mulheres negras a seus empregadores brancos, sejam elas *mammies* para crianças brancas pequenas ou *mammies* que limpam a bunda e as lágrimas de mulheres brancas adultas. Quando a protagonista Skeeter (a mulher branca que decide se tornar escritora usando de entrevistas que faz com trabalhadoras domésticas negras) publica seu livro, é o pastor negro que presenteia Aibileen, a trabalhadora doméstica que ajuda Skeeter, com a cópia do livro que todas assinaram, declarando: "Este é para a senhorita branca. Diga a ela que a amamos como se fosse da nossa própria família".

No filme, quase todas as trabalhadoras domésticas negras são representadas com pele escura, traços distorcidos e corpo acima do peso. Quando os espectadores veem uma cena de Aibileen ensopada na banheira, com o corpo pingando de suor, sua carne parece ter sido queimada, uma representação estranhamente reminiscente de imagens de corpos negros linchados e queimados. E, claro, o crime de Aibileen é amar as crianças brancas que estão sob seus cuidados e se preocupar com elas. Embora retratada como traumatizada pela morte de seu amado filho quase ao ponto da desumanização, ela pode ser reumanizada por meio de sua relação amorosa com crianças brancas. É ela quem resgata a bebê Mae, emocionalmente rejeitada e abandonada, e faz declarações no intuito de criar uma base de autoestima saudável. Em uma versão infantil, branca e tola de dialeto negro, ela diz a Mae: "Cê é boazinha, cê é esperta, cê é importante".[11] É Mae Mobley quem insiste em declarar: "Você é a minha mãe de verdade, Aibee". Ela continua alegremente: "Eu sou o seu nenê. [...] Eu sou o seu nenê de verdade". É claro que os espectadores nunca sabem se essas declarações amorosas terão algum impacto positivo em Mae no longo prazo, já que a última cena em que aparece é gritando e chorando por Aibileen, que foi forçada a abandoná-la. Não resta dúvida de que, sem nenhuma permanência de objeto[12] significativa, Mae provavelmente adotará os hábitos mesquinhos das mulheres brancas adultas que a cercam.

A representação de Mae contrasta diretamente com a de Skeeter, a heroína cinematográfica branca que se atreve a ir

11. "You is kind, you is smart, you is important", no original. [N.E.]

12. "Permanência de objeto" é um conceito empregado pela psicologia do desenvolvimento e refere-se à compreensão infantil de que seu objeto de amor, o cuidador ou a cuidadora principal, continua a existir mesmo quando está fora do alcance da visão. [N.E.]

aos bastidores para contar as histórias que a "libertarão" e ajudarão suas informantes negras a ter uma vida melhor. Skeeter desenvolveu permanência de objeto. Criada por uma mulher negra mais velha, Constantine, ela foi nutrida e cuidada com ternura. É Skeeter quem confronta a mãe e chama atenção não apenas para o abandono emocional dos filhos por parte das mulheres brancas mas também para seu desprezo voluntário para com as mães negras substitutas que assumem o papel de cuidadoras. Ironicamente, a única mulher negra com uma família heteronormativa intacta que, ao lado do marido, cuida constantemente dos dois filhos é retratada como ladra, forçada pelas circunstâncias a roubar para o bem-estar da família. Enquanto sua cruel empregadora branca está sentada em um carro ao lado do filho loiro, Yula Mae é presa, espancada e forçada a abandonar seus meninos.

Em seu papel de jornalista investigativa, Skeeter faz uma pergunta recorrente a Aibileen sobre o sentimento dela ao deixar os próprios filhos "sem mãe" enquanto "criava" crianças brancas. Embora essa pergunta seja levantada várias vezes, ela nunca é respondida. O silêncio implica a existência de uma história tão dolorosa e traumática que não pode ser contada. As mulheres negras não podem falar sobre o impacto do abandono forçado de crianças negras. No filme, Minny é a única trabalhadora doméstica negra a ser vista com seus filhos. Com eles, ela é a disciplinadora, proporcionando-lhes um "amor duro" como preparação para seus eventuais papéis como empregados dos brancos.

A história melodramática estereotipada de trabalhadoras domésticas negras e empregadoras brancas contada em *Histórias Cruzadas* não é nova. A mesma narrativa cinematográfica divertiu o público nos anos 1950, quando o dramalhão *Imitação da Vida*, de Douglas Sirk, estreou na telona. Nesse caso, a mulher branca, interpretada pela atriz Lana Turner, é retratada como uma megera egocêntrica e egoísta, interessada apenas em sua realização pessoal e que não se preocupa em cuidar dos filhos, e a empregada negra que trabalha para ela é retratada como a encarnação cuidadosa e sofrida da verdadeira maternidade. Como uma backing vocal invisível, o papel da personagem negra é chamar atenção para as falhas das mulheres brancas. A cantora principal, a história verdadeiramente vital, é a da mulher branca desencaminhada. Retratadas como perversas tanto em *Imitação da Vida* quanto no filme contemporâneo *Histórias Cruzadas*, as mulheres brancas sempre precisam e exigem ser o centro das atenções. Nos dois filmes, a história de terror imposta ao público nunca diz respeito ao que acontece com as mulheres negras, mas à maneira como a interação entre ambos os grupos serve para ressaltar graficamente a natureza monstruosa das mulheres brancas.

De acordo com a narrativa cinematográfica de *Histórias Cruzadas*, não foi apenas o racismo que colocou as mulheres brancas e negras umas contra as outras. Em vez disso, o filme sugere que é da inata natureza perversa das mulheres competir entre si; a raça apenas adiciona um componente mais picante a essa ordem natural das coisas. Sem dúvida, a competição feminina por poder e presença é a narrativa mais potente veiculada em *Histórias Cruzadas*. Como a publicidade afirma que o objetivo do filme é expor laços negativos de exploração entre empregadoras brancas e trabalhadoras domésticas negras, é fácil para o público ignorar até que ponto o filme realmente dá mais atenção à criação de um retrato condenatório das mulheres brancas. Ao longo de *Histórias Cruzadas*, quase todas as mulheres brancas são retratadas como impiedosas e cruéis, não apenas em relação a trabalhadoras domésticas negras mas também a qualquer pessoa considerada impotente. Quase todas as mulheres brancas do filme são tão odiosas que não podem se dar ao trabalho de amar e cuidar dos filhos. Essa é a verdadeira história que Skeeter deseja expor. E é o relacionamento com a mãe, Charlotte, que melhor simboliza o vínculo sadomasoquista entre mulheres brancas e seus filhos.

Constantemente criticando e humilhando Skeeter em nome do amor, Charlotte enfraquece a autoestima da filha. E, como Mae Mobley, que teria sido uma trágica vítima de assassinato da alma não fosse pelo cuidado que Aibileen lhe oferece, os esforços de Skeeter para se autorrealizar são motivados por sua relação nostálgica com a carinhosa empregada doméstica negra Constantine. Quando Mae diz a Aibileen que ela é sua "mãe de verdade", o filme reforça essa insistência de que as mulheres brancas são perversas e monstruosas. No longa-metragem, todas as relações entre mães brancas e suas filhas são caracterizadas por terrorismo íntimo.

A humilhação é a arma que as mulheres brancas usam para desumanizar as pessoas que desejam dominar. Esse uso da vergonha como arma está particularmente presente no relacionamento entre a fêmea alfa dominante Hilly, que exerce um poder tanto de raça quanto de classe, e a mulher branca pobre Celia. Hilly não se satisfaz o suficiente debochando, ridicularizando e humilhando Celia; seu grupo deve se juntar a ela nessa perseguição. Seu ódio por Celia exemplifica a afirmação de Dorothy Allison no ensaio "A Question of Class" [Uma questão de classe]:

O horror da estratificação de classe, do racismo e do preconceito é que algumas pessoas começaram a acreditar que a segurança de sua família e comunidade depende da opressão de todos os outros; para que alguns tenham uma vida boa, deve haver outros cuja vida é brutal e passível de ser destroçada.

Desse modo, ela ressalta que o elitismo de classe e o racismo normalizam a exploração e a opressão de pessoas negras, bem como daquelas que são consideradas "lixo branco".[13]

Ao expor a situação de Celia, mesmo que de maneira farsesca e cômica, o filme tenta mostrar ao público que, juntos, os preconceitos de classe e de raça podem ser usados de maneira efetiva para demonizar indivíduos impotentes. O sofrimento compartilhado simultâneo aproxima as pessoas. O preconceito então serve de base para a amizade entre Celia e Minny, a empregada negra que trabalha para ela. Ironicamente, Celia, como lixo branco não pertencente ao grupo, é a única mulher branca no filme que se recusa a aceitar o imperativo supremacista branco de que não deve haver intimidade entre negros e brancos. Ela insiste na intimidade.

De modo positivo, Celia é retratada como capaz de uma sororidade genuína. Ela até se atreve a combater fisicamente o patriarcado branco para proteger Minny. Skeeter, exemplo simbólico da feminista contemporânea, desafia a crença de que uma mulher precisa de um marido, ousando ser aventureira e independente. Mas, à sua própria maneira, é tão narcisista quanto as sulistas brancas mesquinhas cuja crueldade deseja

13. *White trash*, expressão pejorativa utilizada para designar pessoas brancas pobres, camponesas, operárias ou de baixa escolaridade. [N.E.]

expor. Disposta a sacrificar o bem-estar das empregadas domésticas negras em nome de fama e glória, Skeeter é a mulher branca moderna e empoderada, a feminista emblemática. No entanto, no fim das contas, ela nunca oferece a suas informantes negras a sororidade que Celia oferece a Minny. Skeeter é toda teoria e nenhuma prática; ela ilustra a "falsa sororidade" sobre a qual Laura Ingraham escreve quando critica a combinação de "oportunismo, condescendência e dependência" que precisamente caracterizava algumas mulheres pseudofeministas, as mulheres que querem tudo.

Em última instância, a mensagem transmitida em *Histórias Cruzadas* não é que havia "muito mais amor entre as famílias brancas e as trabalhadoras domésticas negras", para usar as próprias palavras de Kathryn Stockett sobre o que esperava mostrar em seu livro. Na realidade, o filme mostra que havia muito ódio nessa época e que, no fim, a sororidade não alterou a natureza desse ódio. No romance, Skeeter descobre que Constantine foi demitida porque sua filha, que consegue se passar por branca, ousou entrar na casa da senhorita Charlotte pela porta da frente e se comportar como uma igual, desmentindo assim a noção de que a raça torna as pessoas diferentes umas das outras. Quando as mulheres brancas do sul, integrantes da Daughters of the American Revolution,[14] conversam com Lulabelle, consideram-na como uma delas porque não sabem que é negra. É interessante notar que, no filme, a personagem

14. Filhas da revolução estadunidense, em tradução livre. Trata-se de uma organização sem fins lucrativos, fundada em 1890 por mulheres com o intuito de promover o patriotismo e os valores da Independência dos Estados Unidos. É uma entidade vista como elitista e racista. [N.E.]

de Lulabelle é caracterizada como uma mulher negra rude com pele escura e peruca. Essa representação cinematográfica fictícia, como tantos outros aspectos do filme, retira o foco da identidade racial e permite que a crueldade das mulheres ofusque a crítica das noções supremacistas brancas de diferença que Stockett destaca e expõe no romance por meio dessa cena. Ao alterar as personagens, o filme faz parecer que a mãe de Skeeter, Charlotte, está agindo cruelmente apenas por vaidade egoísta, e não por medo de que a diferença racial seja exposta como a construção social que de fato é.

Depois dos muitos sucessos obtidos pelo movimento feminista contemporâneo, houve enorme retaliação. Entre outros aspectos, essa retaliação envolve a contínua insistência machista de que a solidariedade entre mulheres não é de fato possível, porque elas sempre competem entre si e traem umas às outras. Mesmo nos círculos feministas, quando a comunicação fracassava e os conflitos emergiam, era possível ouvir vozes que desprezavam o conceito de sororidade. Em alguns grupos feministas e na sociedade em geral, começaram a aparecer livros que negavam noções de sororidade compartilhada. Os conflitos eram especialmente negativos entre mães e filhas. Durante todo o filme *Histórias Cruzadas*, as brigas entre mulheres são a norma. E são especialmente virulentas quando ocorrem entre mães e filhas brancas. Enquanto as mulheres negras estão ocupadas preparando as filhas para serem subservientes à branquitude, as mães brancas atormentam as suas. O público não recebe explicação alguma para o ódio entre Hilly e a mãe. Quando homens de negócio brancos dizem que "amaram" o filme, revelam o prazer que sentem em ver a ambição implacável das mulheres brancas, sua crueldade e sua maldade expostas.

Ao longo do romance, e até certo ponto no filme, há um discurso recorrente sobre bondade. Essa narrativa é relatada principalmente por mulheres negras. Aibileen dá minipalestras sobre bondade a todos os que estão sob seus cuidados. E todas as trabalhadoras domésticas negras medem o valor de uma mulher branca de acordo com a bondade que dispensa ou não a pessoas menos poderosas que ela. Para contrariar a crueldade materna direcionada a crianças brancas, em especial a Mae Mobley, Aibileen oferece a visão contra-hegemônica de ser bondosa, contando às crianças as "histórias secretas" que visam incutir nelas o humanismo antirracista. Ela garante a Mae, que se autointitula "má", que isso não é verdade. "Cê é boa", diz. Aibileen ainda pondera o que acontecerá "se eu falar pra ela que ela é boazinha todos os dias".

Assisti a *História Cruzadas* com um grupo de professoras — negras e brancas — de estudos sobre mulheres, e todas nós identificamos a quantidade exagerada de brigas entre mulheres como um dos aspectos que deram apelo de massa ao filme. O público gosta de ver mulheres se torturando, traindo e lutando entre si. Isso desmente qualquer noção de que as mulheres são moral e eticamente melhores que os homens. Não há uma mulher branca gentil e bondosa no filme. Vem daí a atual safra de livros que diz aos leitores que a sororidade falhou. Livros como *Not My Mother's Daughter* [Não sou filha da minha mãe] e *The Twisted Sisterhood* [A sororidade deturpada] documentam a brutalidade das mulheres na relação de umas com as outras. É uma narrativa patriarcal, e não é de admirar que atraia homens brancos poderosos. Ela desumaniza profundamente as mulheres.

Muitas acadêmicas negras criticaram o livro *A resposta* e o filme *Histórias Cruzadas* pelos retratos repulsivos que traçam de mulheres negras, mediante argumentos convincentes como os da Associação de Historiadoras Negras, que afirmaram que o filme "distorce, ignora e banaliza" a experiência de vida real de trabalhadoras domésticas negras. Essa é uma crítica necessária, mas não altera os aspectos do livro e do filme que oferecem estereótipos positivos de mulheres negras. Apesar da falta de precisão histórica e das imagens estereotipadas, exageradas e negativas, as mulheres negras são humanizadas de uma maneira que as mulheres brancas não são. Praticamente todas as mulheres brancas do filme são retratadas como desprovidas de coragem e caráter, sem inteligência emocional. São retratadas como animais ferozes, dispostos a destruir qualquer pessoa, até os próprios filhos, para atingir seus objetivos. O mais perigoso dessas representações fictícias é o fato de que apagam e negam a longa e potente história das mulheres brancas radicais que atuaram na luta pelos direitos civis, tanto em movimentos antirracistas quanto feministas — mulheres brancas cujas contribuições ajudaram na conquista de liberdade e libertação. Se acreditássemos em teorias bizarras da conspiração, não seria difícil supor que a crítica feminina branca ao patriarcado supremacista branco capitalista imperialista, ao poder masculino branco, é ridicularizada em *Histórias Cruzadas* por meio de representações que sugerem que as mulheres brancas talvez não estivessem na linha de frente da exploração e da opressão de raça, gênero e classe, mas certamente encenavam, na vida cotidiana, a mentalidade brutal da dominação colonizadora.

Apesar das referências à noção de que a solidariedade entre mulheres prevaleceu no sul segregado, reforçadas especialmente nas estratégias de marketing, a mensagem do filme, de modo geral, é de que a maioria das mulheres brancas são desleais com os maridos, com os filhos, umas com as outras e com mulheres diferentes delas. Ironicamente, apesar dos anos de exploração e opressão, o que representa a conexão positiva duradoura entre duas mulheres são os longos anos de amizade entre Aibileen e Minny, o cuidado e o respeito de uma pela outra. Skeeter, como Kathryn Stockett na vida real, seguirá o caminho em busca de seus objetivos oportunistas sem olhar para trás e nem sequer ver a vida das mulheres negras. Ironicamente, *A resposta* foi o modo nostálgico de Stockett se lembrar do próprio passado, e, no entanto, o que ela lembra e a maneira como conta sua história de modo algum revelam uma capacidade de pensar e escrever a partir de uma perspectiva antirracista não tendenciosa. Para a sorte dela, existe todo um pano de fundo público do patriarcado supremacista branco capitalista imperialista para oferecer apoio, tanto no mundo editorial quanto na indústria do cinema, ansioso por usar a cultura colonial ficcional criada por ela para aumentar a riqueza de homens brancos poderosos. E, é claro, o elenco negro, que assume as posições caricatas e ridicularizantes oferecidas por dinheiro, por fama, torna-se tão grosseiramente oportunista quanto a autora. Isso sem dúvida ridiculariza e banaliza o sofrimento infligido ao povo negro pelas mãos de opressores brancos, com o intuito de transformar essa história em entretenimento cinematográfico cômico.

Como muitas comédias escrachadas, a versão cinematográfica de *A resposta* faz uso de muito humor escatológico para entreter o público. O filme emprega comédia e farsa para desviar a atenção da crueldade brutal que a segregação supremacista branca gerava na vida de brancos e negros do sul. Quando eu era criança, ouvi muitos anciãos negros falarem com profunda repugnância sobre as práticas animalescas reais dos brancos. Trabalhadoras domésticas negras, em seu papel de antropólogas orgânicas que observavam os brancos na intimidade de seus lares, muitas vezes regressavam ao mundo negro segregado munidas de muitas histórias sobre guerras de comida, desperdício de alimentos e sobre o humor escatológico dos brancos. Esse humor está, sem dúvida, presente em *Histórias Cruzadas*.

Não encontrei, em minhas leituras de testemunhos históricos, nenhuma trabalhadora doméstica negra que relate casos de cozinheiras negras que punham fezes nos alimentos que serviam aos brancos dominadores, como acontece em *Histórias Cruzadas*. Dados o terrorismo íntimo e a exploração sofrida como consequência da supremacia branca, sem dúvida os negros imaginavam uma infinidade de atos vingativos que poderiam oferecer algum senso de justiça, mas o terror abjeto e o medo da punição tornavam quase impossível que agissem para dar vazão a esses sentimentos. O público pode apenas imaginar por que Stockett concebe que o ápice da resistência negra ao racismo seja representado por uma cozinheira negra que adiciona fezes a uma torta de chocolate. Certamente se trata de fantasias racistas perversas. Depois de mostrar a extrema subserviência do povo negro no sul segregado, faz sentido que tamanho ato visceral de resistência furiosa pudesse realisticamente ter ocorrido. De fato, o livro e o filme esfregam na nossa cara a noção insana de que supremacistas brancos estavam muito preocupados em garantir que os negros "doentes" não usassem os mesmos banheiros que eles, enquanto permitiam que cuidassem de seus bebês e preparassem sua comida. Nitidamente, os brancos dominadores não temiam que pessoas negras contaminassem seus alimentos.

Tanto o livro quanto o filme geraram muita conversa sobre raça e representação. Infelizmente, grande parte da discussão tem se resumido a um discurso banal sobre boas e más imagens, sobre estereótipos e imprecisão histórica. A ficção não precisa se esforçar para obter precisão histórica; no entanto, pode efetivamente oferecer visões alternativas e transformadoras. Não há uma nova visão imaginativa em *A resposta* e *Histórias Cruzadas*. Quando o assunto escolhido é raça e gênero, há uma profunda necessidade de representações que levem o público além de estereótipos e convenções obsoletos e batidos. São as histórias não convencionais de empregadoras brancas e empregadas domésticas negras que precisam ser contadas pela ficção ou pela não ficção. Ao falar de seu passado, de seu relacionamento com Constantine, a quem rejeitou violentamente para garantir a posição e os benefícios da supremacia branca, a empregadora branca Charlotte compartilha com a filha: "Dizem que uma boa criada é como o amor verdadeiro. Só se tem um a vida inteira". Essas histórias de amor verdadeiro não são contadas em *A resposta*. Aquelas de nós que desejam ouvir e contar as "histórias secretas" que celebram a verdadeira liberdade, que oferecem a todos a chance de conhecer o bem-estar máximo, só podem esperar que *A resposta* e *Histórias Cruzadas*, um livro realmente ruim e um filme ainda pior, possam servir como intervenção. Ambos podem dar lugar a histórias totalmente novas e diferentes, que nos levem a lugares onde não estivemos antes, que nos empoderem de tal maneira que possamos reimaginar o passado e inventar futuros positivos.

05.
questionamentos: a reinvenção de Malcolm X

Depois de reler a *Autobiografia de Malcolm X* aos cinquenta e tantos anos, acho que ela continua a ser uma das histórias mais convincentes sobre o despertar político. Eu estava no meu primeiro ano de faculdade quando peguei esse livro emprestado. No recesso de outono, hospedada na casa de amigos brancos abastados, a leitura me deixou sem palavras; me isolou dos meus amigos brancos, uma vez que me forçou a ter consciência da dinâmica social e política do racismo. A recente publicação da biografia de Malcolm escrita por Manning Marable serviu de catalisador para minha releitura da autobiografia, mais de quarenta anos depois. No pequeno mundo dos acadêmicos e intelectuais negros, qualquer um que conhecesse Manning há algum tempo sabia que ele estava trabalhando lentamente no que esperava que fosse a biografia "definitiva" de Malcolm X.

Como Manning, todo acadêmico negro que conheço e de alguma forma se identifica com políticas de esquerda compreende a importância de Malcolm não apenas como uma representação emblemática do combatente pela libertação negra mas também como um feroz defensor da autodeterminação negra. De fato, a base do meu despertar político no final da adolescência foi fortemente estabelecida quando terminei de ler a autobiografia e descobri, por meio dela, outros livros que deveria ler. Se me fosse solicitado apontar figuras mentoras que me ensinaram a ser uma pensadora crítica, a fazer observações necessárias e perguntas relevantes, Malcolm X seria apropriadamente citado. Lendo sobre sua vida em entrevistas e discursos posteriores, aprendi que, para um pensador revolucionário, era importante sobretudo estar disposto a admitir erros, aprender com eles e seguir em frente. No último capítulo do prólogo que dá o tom da biografia, Marable, que já havia enfatizado que Malcolm X cometera muitos erros, diz aos leitores: "Mas, diferentemente de muitos outros líderes, Malcolm teve a coragem de reconhecer seus erros e de procurar aqueles a quem ofendera para pedir desculpas. Mesmo quando discordava dele, eu admirava profundamente a integridade do seu caráter". Essa declaração parece irônica e um tanto hipócrita, pois o livro de Manning Marable enfatiza continuamente os erros de Malcolm X, todos revelados pelo biógrafo de uma maneira que remete bastante à exposição de celebridades em tabloides.

Trabalhando durante anos com muitos assistentes de pesquisa, Marable decerto conseguiu oferecer ao mundo uma biografia de Malcolm X seriamente pedante e repleta de fatos. No entanto, a ostensiva compilação de fatos concretos é salpicada de estranhas especulações e fofocas. Há muitos rumores aparentemente sem sentido sobre a personalidade e a vida privada de Malcolm X. Esse é o caso em especial no que diz respeito a questões de sexualidade e relações sexuais. Por exemplo, sobre o casamento de Malcolm X com Betty Shabazz, Marable escreve:

Na versão de Malcolm (e no filme de Spike Lee), a atração sexual era a principal força que os aproximava, mas algumas pessoas que trabalharam com Malcolm viam as coisas de outra maneira. James 67X lembrava-se de que o ministro via o casamento como o cumprimento de um dever para com a Nação.

O leitor não sabe o que fazer com essa informação, já que não se oferecem provas para apoiar a noção de que Malcolm fora guiado pela luxúria sexual. Se foi assim que ele descreveu as forças sedutoras que o levaram ao casamento, então onde está a evidência para ratificar a "narrativa" de Malcolm? Há muitos momentos como esse no livro, em que alusões dissimuladas e negativas são feitas a respeito da sexualidade de Malcolm, sem nenhum fato que as corrobore — algo que parece estranho em uma biografia que se pretende um registro de fatos concretos.

Ao longo do livro, Marable faz constante referência, de maneira um tanto debochada, às transformações de pensamento e de perspectiva pelas quais Malcolm X passou em sua vida. Ironicamente, a transformação mais surpreendente para muitos leitores familiarizados com o autor é seu deslocamento da criação de uma obra que visava revelar mais sobre a política e a liderança de Malcolm para uma narrativa que focaliza a sua personalidade de um jeito que não apenas despolitiza mas também representa Malcolm X quase o tempo todo como um mero charlatão astuto. Uma vez que Marable produziu uma biografia sólida e embasada em fatos documentais, são os momentos especulativos que prejudicam esse trabalho, especialmente sua confiança no culto à personalidade. Mesmo que essa não fosse sua intenção, o efeito geral é despolitizar Malcolm X ao apresentar suas escolhas políticas como resultantes não de um fundamento moral e ético de pensamento crítico e reflexão cuidadosa, mas apenas de uma sensibilidade oportunista trapaceira.

Preparando o cenário, Marable conta aos leitores, no prólogo "A vida além da lenda", que Malcolm era "produto do gueto moderno". E continua: "A raiva que expressava era uma reação ao racismo de contexto urbano: escolas urbanas segregadas, moradias de baixa qualidade, altas taxas de mortalidade infantil, drogas e crime". E, embora Malcolm tenha declarado: "Eu não sei nada sobre o sul, sou uma criação do homem branco do norte", isso era mera retórica hiperbólica. Interpretações superficiais da politização de Malcolm X dão a entender que sua consciência não foi impactada de forma significativa pela experiência dos negros sulistas que confrontaram o extremo apartheid racista e a opressão e a exploração associadas a ele. Uma vez que a maioria das pessoas negras que viviam no gueto urbano e tinham raízes no sul migrou para o norte a fim de deixar para trás uma opressão racista brutal, é improvável que Malcolm não tenha ouvido os infortúnios delas misturados à raiva pelo fato de o norte não ter se mostrado mais progressista nem mais seguro. Embora não viesse do sul, Malcolm X migrou para o norte por razões semelhantes, e quase todas essas razões envolviam uma fuga, um afastamento de experiências traumáticas rumo à esperança de construir uma vida nova e melhor. Essa mistura de experiências negras geográfica e culturalmente variadas está brilhantemente documentada em *The Warmth of Other Suns* [O calor de outros sóis], o importante livro de Isabel Wilkerson sobre a migração negra nos Estados Unidos, em especial o movimento da população negra para as cidades do norte.

Tendo em vista que Marable não usa nenhum modelo psicológico em particular como paradigma para compreender as mudanças de perspectiva, o crescimento da consciência e as lutas de Malcolm pela autorrealização, ele só pode representar essas mudanças como maquinações de um ego distorcido, desordenado e imponente. Como sobrevivente do descaso, nascido em uma família disfuncional, vítima de abuso social e de abandono por seus parentes de consideração, cabe a Malcolm X usar, na vida adulta, ferramentas de sobrevivência aprendidas desde cedo — ser hipervigilante, criar laços com figuras de autoridade e protetores, não confiar em ninguém etc. Quando Malcolm X conversou pela primeira vez com Alex Haley, compartilhou: "Toda a minha vida tem sido uma cronologia de mudanças". Com isso em mente, é de fato perturbador ver tanto Manning Marable quanto outros críticos contrários a Malcolm X agindo como se a abertura de Malcolm à mudança fosse, de alguma forma, um constante truque oportunista. Marable até lança suspeitas sobre a experiência transformadora da jornada de Malcolm X a Meca, sugerindo que ele apenas "pareceu ter tido uma revelação espiritual". Além disso, ainda construindo seu caso contra Malcolm X, Marable escreve:

> [Ele] visitou a cidade sagrada de Meca, em um hajj espiritual, e ao voltar para os Estados Unidos declarou que se convertera ao Islã sunita ortodoxo. Rejeitando vínculos com a Nação do Islã e com seu líder, Elijah Muhammad, anunciou sua oposição a qualquer forma de fanatismo e intolerância. Dizia-se ansioso para cooperar com os grupos de direitos civis e trabalhar com qualquer branco que, genuinamente, apoiasse a causa dos negros americanos.

Considerando que o que mais impressionou os leitores na autobiografia de Alex Haley foi a narração da transformação de Malcolm X após a peregrinação, Marable enfraquece completamente o poder dessa narrativa quando a descreve como se fosse apenas mais um movimento estratégico de manipulação por parte de Malcolm X para angariar maior poder e fama.

Repetidamente, ao longo do livro, Marable insiste em que foi a *Autobiografia de Malcolm X*, escrita em parceria com Alex Haley, a responsável por elevar o poder de Malcolm, o que é, sem dúvida, uma interpretação precisa. No entanto, Marable não pinta um quadro completo quando sugere que o impacto de Malcolm foi sentido principalmente pelos "negros urbanos de meados do século xx nos Estados Unidos". Como garota do sul, ao ler a autobiografia fiquei fascinada com o processo de politização de Malcolm. Seu processo de desenvolvimento de uma consciência crítica desencadeou uma experiência de espelhamento em muitos leitores, inclusive em mim. Ao crescer no mundo do apartheid racista do sul, eu, como muitas pessoas negras, fui educada na arte da aceitação e da submissão à autoridade branca. A norma era conter a raiva e a vontade de resistência. Aos leitores da autobiografia, Malcolm X deu permissão para se revoltar, expressar raiva e enxergar a raiva contra a injustiça como um catalisador construtivo para a politização radical. Os "anos de marginal" de Malcolm X, suas atividades criminosas glamorizadas, seu machismo e misoginia explícitos (manifestos em um momento histórico no qual a luta de libertação feminista estava ganhando grande impulso) deram um pano de fundo colorido à sua história de vida, mas não eram essas as narrativas mais profunda e emocionalmente cativantes, e sim suas confissões emocionantes de conscientização e transformação política. Era o reconhecimento do amor de Malcolm pela justiça e seu sincero desejo de criar uma vida melhor para as pessoas negras.

Minha geração (pessoas nascidas nos anos 1950), que estava saindo de uma grave situação de exploração e opressão racista, que vivia a experiência do apartheid racial nos Estados Unidos — fosse em pequenas cidades do sul, fosse nas grandes metrópoles —, foi arrebatada pela história de vida de Malcolm X. E ouso dizer que foram poucos os leitores que ficaram tão encantados com as histórias de suas proezas pessoais que não conseguiram reconhecer possíveis momentos de hipérbole e até distorções. Marable vê o fascínio contemporâneo pelo icônico Malcolm X, que emergiu entre os jovens negros na cultura popular (vídeos, filmes, roupas), como algo que alimenta a lenda. Em seu longo ensaio na *New Yorker*, o jornalista branco David Remnick lembra aos leitores que a *Autobiografia* vendeu seis milhões de cópias em todo o mundo e "o livro continua a vender como água". Nitidamente, o interesse por Malcolm X continua.

Nos agradecimentos e notas de pesquisa no final de *Uma vida de reinvenções*, Marable confessa que encontrou seu ponto de partida no momento em que "finalmente percebi que a chave para a reinterpretação da vida de Malcolm estava na desconstrução crítica da *Autobiografia*". Em última instância, é esse desejo de desconstruir a *Autobiografia* que enfraquece a biografia de Marable, porque dá uma ênfase exagerada em assuntos que pouco dizem sobre o homem por trás da lenda. A obsessão de Marable em expor as distorções e falhas da *Autobiografia* o levou a desenvolver pouca ou nenhuma interpretação relevante do material. Por exemplo: ele escreve que Malcolm X não tinha amor pela esposa. Os leitores são informados dos detalhes da vida sexual insatisfatória do casal. Entretanto, ficamos sem nenhuma ideia nítida de como a sexualidade moldou a identidade e a política de Malcolm X.

Como Manning Marable, que lutava contra uma doença severa havia anos, morreu pouco antes de a biografia ser publicada, os leitores não podem questioná-lo sobre suas intenções ou estratégias. A maioria das resenhas do livro é positiva. E, de fato, apesar dos muitos fãs e seguidores de Malcolm, a imprensa pareceu acolher e aplaudir um trabalho que desmoraliza a vida e a política de Malcolm X. O fato de a biografia ter recebido grande atenção sem dúvida diz ao público que Malcolm X ainda tem mais inimigos do que amigos na imprensa. Em seu discurso em dezembro no Audubon,[15] Malcolm X advertiu os ouvintes sobre o poder da imprensa conservadora, declarando:

> Que alguém possa construir uma imagem de uma pessoa num jornal para que, antes mesmo de você conhecer essa pessoa, você corra dela [...] Tudo que sabemos é o que a imprensa tem a dizer, e a imprensa é branca. E, quando digo que a imprensa é branca, quero dizer que é BRANCA. E é perigosa.

Desde a morte de Malcolm X, a subcultura jovem o tem reivindicado como ícone e mentor, e certamente enfrenta agora uma imprensa dominante controlada por pessoas brancas que simbolicamente assassina seu herói mais uma vez. Mesmo que a cultura pop afro-estadunidense evoque a imagem e as palavras de Malcolm X com tanta frequência a ponto de pesquisas demonstrarem que 84% dos negros entre quinze e 24 anos o reverenciam no país, esses jovens não são o público-alvo que o marketing do livro de Marable almejava. A imprensa que

15. Localizado em Nova York, Audubon é o teatro onde Malcolm X foi assassinado em 21 de fevereiro de 1965, enquanto discursava. [N.T.]

promoveu a publicação e afirmou que era definitiva vendeu essa obra como uma exposição total, que revelaria o homem por trás da máscara e exporia ao mundo que Malcolm X era mais um artista trapaceiro vigarista do que um observador político astuto quando se tratava de políticas raciais, tanto em casa quanto no exterior.

Pouco antes de sua morte, vendo-se mal representado na mídia, Malcolm declarou: "A imprensa é tão poderosa em seu papel de criar imagens que pode fazer com que um criminoso pareça a vítima e a vítima pareça o criminoso. Essa é a imprensa, uma imprensa irresponsável... Essa é a imprensa criadora de imagens. Essa coisa é perigosa se você não se proteger contra ela". Foi sem dúvida a imprensa *branca* que exaltou o livro de Marable, aproveitando a ocasião de sua publicação para espalhar que Malcolm X não era, na verdade, "herói de ninguém". Considerando a ascensão global do fascismo e da direita supremacista branca nos Estados Unidos, existem poucas frentes revolucionárias. No entanto, em todo o mundo, os jovens são os manifestantes militantes radicais que pedem justiça, liberdade e o fim da dominação. Para muitos desses novos combatentes da liberdade, Malcolm X continua sendo a figura heroica, o mentor. Consequentemente, é do interesse do poder branco conservador insistir na projeção da imagem de Malcolm X como impostor, vigarista e oportunista. Uma publicidade e um marketing inteligentes, em especial as resenhas da biografia de Marable, fazem dela o cenário perfeito para encenar um novo assassinato simbólico de Malcolm X.

Foi a imprensa que anunciou ao público que o trabalho de Marable revelaria fatos até então desconhecidos sobre a vida de Malcolm — fatos, é claro, que mostrariam ao mundo que

Malcolm X era um impostor. Um desses supostos fatos foi a afirmação de Marable de que encontrara evidências de que Malcolm X era homossexual. O autor não distingue entre um homem que se envolve em um único relacionamento homossexual, como aparentemente foi o caso de Malcolm X, e um homem que se engaja consistentemente em práticas sexuais homossexuais. Qualquer pessoa que acompanhou por bastante tempo a literatura sobre Malcolm X saberia que Bruce Perry, um intelectual branco, já havia revelado esse relacionamento homossexual em sua biografia de Malcolm X, publicada em 1991. Naquela época, a grande mídia mostrou pouco interesse pelas revelações de Perry, e críticos negros simplesmente o condenaram. Para qualquer observador astuto, não surpreendia que Malcolm X, em seus dias hedonistas vivendo no limite, na pobreza, no abuso de drogas e no desregramento, tivesse se envolvido em um relacionamento homossexual que era essencialmente uma troca de sexo por dinheiro.

Caso existisse um conjunto de fatos que provassem que Malcolm X era um homossexual no armário, seria realmente uma revelação significativa. Mas Marable sugere, por um lado, que Malcolm X era gay e, por outro, que foi sua paixão sexual por um objeto precoce de amor heterossexual que o levou a deixar a Nação do Islã, e que o "suposto" relacionamento com uma adolescente teria desencadeado uma crise em seu casamento, o que deixa evidente que a ideia de Malcolm X como gay era simplesmente um exagero, com o objetivo de chamar atenção para o livro. Bruce Perry foi desacreditado quando afirmou que Malcolm X teve um caso homossexual.

A mulher de Malcolm X, Betty Shabazz, foi uma das críticas mais ferrenhas do trabalho de Perry. Quando me referi ao relato de Perry sobre a experiência homossexual de Malcolm na presença de Shabazz, ela me acusou de, assim como o biógrafo, tentar caluniar seu marido. Tal como Malcolm X e Marable, Shabazz também faleceu e é incapaz de ressuscitar dos mortos para questionar os modos como a atual imprensa conservadora vem criando uma nova imagem degradante de seu marido. Descrições brutais da negatividade no casamento dos dois fazem parte desse novo discurso sexualizado. Documentos que indicam a insatisfação de Shabazz com Malcolm X como parceiro sexual aumentam o peso das insinuações dissimuladas de que ele era, na verdade, homossexual.

Críticos conservadores brancos e negros que se debruçam sobre a sexualidade de Malcolm pretendem despolitizá-lo, sugerindo maliciosamente que era apenas mais um irmão enrustido (ou seja, que posava de heterossexual, transando com mulheres para encobrir seu apetite homossexual). Como grande parte da cultura pop afro-estadunidense jovem reflete os valores homofóbicos dessa sociedade patriarcal supremacista branca capitalista imperialista, informar esse grupo de que seu "brilhante príncipe negro" era na verdade uma rainha disfarçada é um assassinato de reputação, destinado a promover a homofobia e encorajar esse grupo a denunciar Malcolm X, a deixar de vê-lo como um símbolo da masculinidade negra e passar a entendê-lo como um inimigo. Se conseguirem fazer isso, a vida e a experiência de Malcolm X não servirão mais como catalisadores para jovens de todas as idades e de todas as cores desenvolverem uma consciência crítica e uma politização radical.

Quando converso com jovens estudantes, experimento em primeira mão os danos causados pela imprensa que projeta a imagem de Malcolm X como homossexual enrustido. Eis um exemplo, um relato que ouvi durante meu horário de atendimento: uma aluna negra, que se assumiu homossexual para sua mãe solteira na mesma época em que estava desenvolvendo uma consciência crítica por meio de seus estudos sobre a vida e o trabalho de Malcolm X, foi questionada pela mãe (que havia lido na imprensa que ele era gay) se o interesse por Malcolm X a "tornara lésbica". Assim como alguns observadores fizeram com a história de vida de Malcolm X, a mãe dessa jovem optou por se concentrar na sexualidade da filha em detrimento de seu compromisso com uma consciência crítica e políticas radicais. Obviamente, nenhum escritor que deu ênfase à sexualidade de Malcolm X teorizou que sua homossexualidade teria grande significado para nossa compreensão de sua vida ou de sua sua liderança. O profundo machismo e a misoginia expressos ao longo de grande parte de sua vida adulta são certamente muito mais típicos do comportamento heterossexual patriarcal aprendido. Se Malcolm tivesse escolhido reivindicar uma identidade gay, esse fato sem dúvida o teria ajudado a transformar suas atitudes em relação ao gênero feminino. E, embora seja sensacional e provocativo imaginar Malcolm X se metamorfoseando e deixando de ser o "brilhante príncipe negro" para entrar no reino de divas ferozes e fabulosas, os fatos meramente documentam práticas sexuais conflituosas. Quando finalmente tivermos uma biografia definitiva de Malcolm X que não apenas traga acontecimentos bem documentados mas também ouse interpretá-los usando ferramentas da sociologia e da psicologia, o mundo poderá começar a realmente conhecer esse líder carismático. Todo observador atento e esclarecido que queira compreender Malcolm X deve honestamente saber que ele tinha falhas, que não era perfeito. Mas quem de nós gostaria de ser conhecido apenas por nossas falhas? A lição mais importante que aprendi ao estudar a vida e a obra de Malcolm X foi a importância da autorrealização por meio da vigilância crítica, uma abertura radical que nos permitiria admitir erros, crescer e mudar.

Infelizmente, a biografia escrita por Manning Marable não ajuda muito os leitores a compreender por completo o homem por trás da lenda. Mais importante, a maneira como essa biografia foi e será usada para servir aos interesses do contínuo ataque racista/machista do patriarcado supremacista branco capitalista imperialista à masculinidade negra deveria lembrar a todos que a luta pela autodeterminação negra deve ser permanente. Na verdade, é uma questão de vida ou morte. Todos, indivíduos de todas as cores, que encontraram ou encontrarão o caminho da luta pela liberdade seguindo Malcolm X, aprendendo com sua vida e sua obra, devem desempenhar um papel na proteção daquilo que é significativo e fortalecedor em seu legado. Isso significa que devemos questionar rigorosamente as fontes de informação. Não devemos permitir que o culto à celebridade continue a moldar a imagem futura de Malcolm X. Lembremos de sua paixão pela justiça, de seu apelo profético por resistência contínua: "Não sou contra alguém por causa de sua raça, mas com certeza sou contra eles por causa do que estão fazendo; e, se estão fazendo algo errado, devemos detê-los, seja como for".

06.
uma biografia trágica: a ressurreição de Henrietta Lacks

No primeiro livro que escrevi e publiquei há mais de vinte anos, *E eu não sou uma mulher? Mulheres negras e feminismo*, incluí um capítulo intitulado "A desvalorização contínua da feminilidade negra", no qual declaro que "a desvalorização da feminilidade negra resultou da exploração sexual de mulheres negras durante o período da escravidão, e isso não mudou ao longo de centenas de anos". Para enfatizar a realidade de que mulheres negras não instruídas geralmente adotam estereótipos que nos descrevem como matriarcas fortes, argumentei: "Uma vez que mulheres negras são iludidas e imaginam que temos um poder que, na realidade, não temos, a possibilidade de nos organizarmos coletivamente para lutar contra a opressão sexista e racista é reduzida". Na época desses primeiros textos feministas, entrevistei uma mulher negra que em geral trabalhava como balconista e estava vivendo à beira da miséria. No entanto, ela ressaltava continuamente que a mulher negra era "matriarcal, poderosa e que estava no controle da própria vida". Na verdade, ela estava prestes a sofrer um colapso nervoso, lutando diariamente para sobreviver. Escrevi então: "Sem dúvida, o falso sentimento de poder que mulheres negras são levadas a ter nos faz pensar que não precisamos de movimentos sociais que poderiam nos libertar da opressão sexista". Ainda antes de eu ter escrito essas palavras pela primeira vez, mulheres negras, sozinhas ou em grupos, têm se esforçado para se autodefinir, para inventar identidades que sejam atos de resistência e desafiem estereótipos negativos — aquelas projeções machistas racializadas que nos são impostas — enquanto trabalham, simultaneamente, para criar bases para a autorrealização e a autodeterminação.

Apesar dos enormes esforços para alterar a maneira como as mulheres negras são vistas na cultura patriarcal supremacista branca capitalista imperialista, não há uma mulher negra, por mais emancipada que seja, que não lide, em alguma esfera da vida cotidiana, com tentativas da cultura dominadora de restringir sua liberdade, de forçá-la a uma identidade de submissão. Em *Killing the Black Body: Race, Reproduction, and the Meaning of Liberty* [Matando o corpo negro: raça, reprodução e o significado da liberdade], a professora de direito Dorothy Roberts enfatiza sem cessar como é essencial que as mulheres negras participem ativamente de discussões críticas sobre liberdade. Encorajando-nos a não abandonar a discussão, ela insiste que "reivindicar o direito constitucional à individualidade é tanto mais importante para as mulheres negras porque historicamente lhes foi negada a dignidade de sua humanidade e identidade plenas". Além disso, Roberts explica:

O conceito de individualidade encarnado na liberdade pode ser usado para afirmar o papel da vontade e da criatividade na construção de identidades próprias pelas mulheres negras. Apoiar-se no conceito de autodefinição celebra o legado das mulheres negras que sobreviveram e transcenderam as condições de opressão.

O processo de definir a si mesma e declarar sua individualidade desafia a negação do direito de ser dona de si, inerente à escravidão.

A teoria e a prática feministas visionárias voltadas para a interconectividade de raça, classe e gênero, em conjunto com as lutas de libertação negra, impulsionaram a autodeterminação das mulheres negras. No entanto, todas as nossas transformações progressivas não eliminaram a contínua desvalorização da feminilidade negra.

Ironicamente, enfrentamos agora um obstáculo mais alarmante: há mulheres e homens de todas as raças explorando questões de raça e gênero por preocupações oportunistas egocêntricas. Se não houvesse movimentos de libertação negra, se não houvesse movimento feminista, é provável que grande parte do trabalho acadêmico com foco em raça e gênero não tivesse atraído o público: esses movimentos criaram o clima cultural, seja na academia, seja em outros ambientes onde trabalhos dessa natureza puderam e podem ter uma voz e ser recebidos. Cada vez mais, os produtores desses trabalhos ignoram qualquer relação com movimentos políticos por justiça social ou com a desconstrução do racismo e do machismo, fatores capazes de oferecer a todos a oportunidade de elaborar trabalhos não tendenciosos, que não mais sustentem e perpetuem os princípios do racismo e do machismo. Frequentemente, quando trabalhos que focam questões de raça e gênero são criados sem a devida atenção ao fato de o escritor ter ou não uma perspectiva antirracista e antimachista, estereótipos negativos comuns são simplesmente reproduzidos e reinscritos.

Muitos trabalhos exemplificam essa tendência, e um dos mais recentes é a investigação da jornalista científica Rebecca

Skloot a respeito das células HeLa e a mulher negra de cujo corpo as células foram retiradas. Skloot intitula seu trabalho de *A vida imortal de Henrietta Lacks*. Na capa, os leitores encontram o seguinte texto:

> Em 1951, uma mulher negra e humilde morre de câncer; suas células — retiradas sem seu consentimento — são mantidas vivas, dão origem a uma revolução na medicina e a uma indústria multimilionária. Mais de vinte anos depois, seus filhos descobrem a história e têm sua vida completamente modificada.

Vendido como uma descoberta sensacional, o trabalho afirma contar a história de Henrietta Lacks. No entanto, ele é menos uma história verdadeira sobre a vida de Lacks e mais um trabalho sensacionalista de não ficção criativa. Na verdade, Skloot não pôde oferecer um retrato completo, pois muito pouco se conhece acerca da verdadeira história de vida de Lacks. Apesar da extensa investigação, a jornalista não foi sequer capaz de descobrir as razões pelas quais a jovem negra nascida Loretta Pleasant ficou conhecida como Henrietta Lacks.

Ao invocar imagens de Henrietta Lacks, Skloot emprega um estilo romanesco que imita o trabalho de escritoras negras de ficção (como Zora Neale Hurston), embora não faça referência a textos de mulheres negras em nenhum lugar da obra. Quando compartilha com os leitores que Henrietta foi criada com seu primo, David Lacks, ela assume uma persona de escritora popular como meio para oferecer sua interpretação fictícia sobre a vida dos Lacks. Os relatos de Skloot sobre os laços de infância entre Henrietta e David Lacks são do tipo: "Henrietta e Day compartilhavam o mesmo quarto desde os quatro anos, portanto o que aconteceu a seguir não surpreendeu a ninguém: eles começaram a ter filhos". Como leitores, não sabemos de onde vem essa informação nem por que um comportamento sexual inadequado é relatado com tamanha indiferença, como se fosse um simples fato aceito sobre a vida das pessoas negras. Skloot continuamente retrata de forma sentimental as pessoas negras que entrevista. O gesto tende a evocar uma imagem rústica de pessoas negras simples, sem preocupações com o mundo, o que eu chamo de "síndrome do negrinho contente". De forma paradoxal, ela simplesmente afirma que Henrietta Lacks sofria de doenças venéreas e, no entanto, de maneira alguma insere a exploração do corpo feminino negro de Lacks no contexto de abuso infantil, racismo, machismo e exploração de classe.

Ao falhar em oferecer uma interpretação mais complexa, a autora cai na armadilha de reinscrever noções simplistas sobre a identidade negra. Por meio de Skloot, sabemos que Lacks gostava de se divertir, dançar, pintar as unhas (muita importância é dada às unhas). Em vez de criar um retrato humanizado de Lacks, Skloot a enquadra no modo racista e machista como as mulheres negras são vistas habitualmente — sedutoras e promíscuas, sem conhecimento sobre o próprio corpo e pouco preocupadas com o que é necessário para ser uma mãe responsável. Depois de retratar Lacks como uma espécie moderna de primitiva infantilizada, Skloot também projeta sobre ela a imagem estereotipada da mulher negra forte. Ao relatar a ocasião em que Lacks recebe a notícia de que tem câncer, Skloot escreve:

> Em 5 de fevereiro de 1951, depois que Jones recebeu o laudo da biópsia de Henrietta do laboratório, ligou para informar que era

maligno. Henrietta não contou a ninguém o que Jones disse, e ninguém perguntou. Simplesmente prosseguiu sua rotina como se nada tivesse acontecido, o que era típico dela — não fazia sentido aborrecer alguém com algo que ela poderia enfrentar sozinha.

Skloot narra o que Lacks faz depois de dizer ao marido e aos filhos que precisava consultar outra vez o médico: "Na manhã seguinte, ela saltou do Buick em frente ao hospital de novo, dizendo a Day e às crianças que não se preocupassem". As palavras que Skloot põe na boca de Lacks são: "Não tem nada de muito grave. [...] O médico vai dar um jeito". Esse retrato estereotipado de supermãe preta se encaixa perfeitamente na sugestão feita ao longo do livro, de que havia e há um poder quase "sobrenatural" nas células de Lacks, que os médicos brancos chamaram de HeLa. Skloot declara: "Como as células HeLa cresciam bem mais rápido que as células normais, produziam resultados também mais rápido. As células HeLa eram verdadeiros burros de carga: resistentes, baratas e estavam em toda parte". Essa linguagem não é diferente da usada pelos proprietários de plantations para descrever escravizados negros que trabalhavam arduamente: ela desumaniza.

Há três narrativas no livro *A vida imortal de Henrietta Lacks*. Uma é o curto e simplista retrato biográfico de Henrietta Lacks; ele jaz em segundo plano, porque simplesmente não há muitas informações sobre sua vida adulta, sobre o que ela de fato pensava, quais eram seus valores, nem sobre o que motivou suas ações. A segunda narrativa é a história biográfica de sua filha Deborah, que é mais completa e interessante do ponto de vista humano, tanto pelo testemunho sobre sua família (tudo o que ela relata sobre a mãe vem de outras fontes) quanto porque ela mesma é uma fonte de informações ao falar sobre as reações de todos à revelação de que as células de Lacks foram retiradas sem consentimento e depois usadas para o bem da medicina. A narrativa mais complexa e atraente do livro é a história de HeLa. Essa história é a única narrativa sincera da obra.

A paixão e a compaixão de Skloot são claramente depositadas na comunidade médica e científica. E, como muitos outros comentadores, ela também está disposta a reconhecer que questões éticas foram e são levantadas pela apropriação sem muita transparência do corpo de Lacks e, posteriormente, dos corpos dos membros de sua família, ainda que em seu enfoque sugira continuamente que o mais importante é o benefício para a medicina resultante do uso das células da mulher negra. Skloot simplesmente mantém o silêncio acerca de questões relacionadas ao papel do racismo e do machismo como sistemas que permitiram a experimentação com o corpo de Henrietta. De fato, Skloot pinta um retrato da família de Lacks como se os parentes estivessem interessados só em dinheiro, como se simplesmente não estivessem dispostos a reconhecer até que ponto todos eram cúmplices ao fazer acordos sem ter o pleno entendimento das implicações de suas ações. Nas raras ocasiões em que os membros da família levantam a questão do racismo, Skloot distancia seu trabalho dessa discussão, usando frases como "eles alegam que", o que implica que não há base real para a acusação de racismo.

A autora repetidamente enquadra qualquer discussão sobre racismo ao lado de histórias e mitos exagerados sobre experimentos médicos em corpos negros. Não por acaso, a transcrição e o relato de uma discussão de família são colocados em um capítulo chamado "Médicos da noite", que, por sua vez, enfatiza medos e mitos exagerados sobre o uso de corpos negros. Parágrafos como o seguinte, que dizem respeito às tentativas de Skloot de se encontrar com os membros da família, expõem os preconceitos da autora: "Tudo que eu sabia sobre os irmãos de Sonny era que eram estourados e que um deles assassinara alguém — eu não sabia qual deles, nem por que motivo". Ela então relata que Deborah diz: "Meus irmãos ficam furiosos quando gente branca vem perguntar sobre a nossa mãe". No entanto, a autora não faz nenhuma sugestão de que exista uma razão legítima para a raiva.

Com muita frequência, Skloot é condescendente e paternalista em seu tratamento aos membros da família de Lacks. Deborah, a principal informante de Skloot — a voz que ela utiliza para legitimar a própria escavação inescrupulosa do corpo feminino negro —, é retratada pela autora como uma megera negra louca que tem que ser colocada em seu lugar. Notavelmente, depois de um encontro "enlouquecido" em que é questionada por Deborah sobre seu posicionamento, Skloot não detalha seu projeto oferecendo explicações significativas; em vez disso, informa os leitores sobre os diversos modos como Deborah está fora de controle e violenta. Relatando um de seus encontros, a autora reconhece:

> Então, pela primeira vez desde que nos conhecemos, perdi a paciência com Deborah. Desvencilhei-me dela e mandei que tirasse as mãos de mim, porra, e que tratasse de se acalmar, porra. Ela ficou a poucos centímetros de mim, me olhando com olhos arregalados pelo que me pareceram ser uns bons minutos. Depois, subitamente sorriu e esticou o braço para ajeitar meu cabelo.

Essa cena evoca típicos estereótipos negativos machistas racializados sobre mulheres negras.

Deborah se torna, nesse momento, a personificação tanto da megera negra agressiva quanto da mãe preta carinhosa. Observe que a violência de Deborah é considerada "loucura", enquanto o abuso verbal de Skloot é retratado como simplesmente uma forma de autoproteção. Ela sem dúvida inclui uma descrição desse encontro para que os leitores saibam que é uma mulher branca durona, que não está disposta a aguentar desaforo dos negros que está explorando para produzir o tesouro que será seu livro e que a levará à fama. No final do livro, Deborah e suas palavras são evocadas, dando permissão e validação para o projeto de Skloot. Os leitores são informados de que Deborah, em resposta à insistência da autora de que sua mãe é imortal, diz: "Mas vou dizer uma coisa: não quero ser imortal, se isso significar viver para sempre [...]. Mas talvez eu retorne como algumas células HeLa, como a minha mãe, assim poderemos fazer o bem juntas por este mundo afora". Essa afirmação funciona como uma absolvição simbólica de toda a violação sofrida por mulheres negras, revisitada nesse livro: narrativas predominantes de estupro, incesto e abuso.

Mesmo sabendo que Deborah é uma sobrevivente de abuso sexual, Skloot não estabelece uma conexão entre essa experiência e as respostas emocionais irracionais que surgem da consciência perturbada de Deborah. Muitos aspectos de sua história são profundamente trágicos, incluindo o anseio infantil pela mãe, que não pode ser satisfeito. Sua criança interior está em constante estado de luto não resolvido. E, embora Skloot tenha feito um trabalho bastante decente ao contar os fatos da história de vida de Deborah, não traz nenhuma profundidade psicológica à sua interpretação. Para reconhecer de maneira plena o impacto de traumas repetidos na vida de Deborah, a autora teria de renunciar aos aspectos pitorescamente sombrios de seu suspense sensacionalista.

Não por acaso, os leitores nunca ouvem um questionamento rigoroso dos profissionais médicos envolvidos na exploração do corpo de Lacks. Sobre sua discussão com Susan Hsu, médica que trabalhou nas células HeLa, a autora compartilha: "Quando expliquei que a família Lacks achava que ela estava aplicando exames de câncer e que tinham ficado aborrecidos porque os cientistas usaram as células sem seu conhecimento, ela ficou chocada". Mais adiante, ela relata a resposta de Hsu: "Me sinto muito mal sobre isso [...]. As pessoas deveriam ter contado a eles. Veja bem, jamais nos ocorreu na época que eles não entendiam o que estávamos fazendo". De forma coerente com a voz aparentemente neutra usada em discussões com profissionais médicos e científicos, Skloot não pergunta a Hsu quem seria responsável por informar Henrietta Lacks e, mais tarde, sua família. Embora a autora expresse simpatia por essa família de vez em quando, é firme a sua lealdade à ciência, aos enormes e duradouros benefícios resultantes da coleta e do compartilhamento das células HeLa.

De fato, a história das células HeLa é fascinante. E é óbvio para qualquer pessoa que conheça o artigo publicado em 1976 por Michael Rogers na revista *Rolling Stone* que Skloot se apropriou desse trabalho inicial e o tornou popular ao tratar com sensacionalismo a questão das células. Rogers foi o primeiro repórter investigativo a trazer a público, como Skloot reconhece, "a verdadeira história de Henrietta Lacks e sua família". Segundo ela, essa teria sido "a primeira vez que a grande mídia informava que a mulher por trás das células HeLa era negra". Ao contrário de Skloot, Rogers se esforçou para ser explícito ao enfatizar as maneiras como o racismo havia caracterizado o apagamento da identidade de Lacks. Seu artigo, porém, não alcançou o público de massa que o livro de Skloot atingiu, com seu marketing e seu enquadramento inteligentes da história como um misterioso suspense sensacionalista da vida real. Ninguém pode dizer que Skloot não se esforçou para trazer à luz fatos sobre a vida de Henrietta Lacks e sua família. Seu trabalho duro é evidente e digno de elogios. Infelizmente, no entanto, é tendencioso. As histórias verdadeiras intercaladas por toda a narrativa são meramente um pano de fundo sensacionalista e são ofuscadas pela história da experimentação científica em corpos humanos — mortos e vivos.

Boa parte da história humana compartilhada na obra de Skloot é escrita em tom sentimental e melodramático. James Baldwin acertou o alvo ao definir o sentimentalismo como "o desfile ostensivo de emoções excessivas e espúrias [...], a marca da desonestidade, a incapacidade de sentir". Ironicamente, a capa do livro de Skloot revela a agenda primordial por trás desse trabalho e expõe em que medida a pretensa intenção do livro de dar maior visibilidade a Henrietta Lacks é falsa. A foto de Lacks não ocupa uma posição central. Sua imagem, no canto superior esquerdo do livro, praticamente some. A capa é composta por uma espécie de colagem, e a fotografia em preto e branco aparece como se fosse recortada e colada sobre o fundo mais colorido representando as células, que cobre toda a extensão do papel. A capa revela a qualquer um que a examine que Henrietta Lacks não é imortal, que ela pode ou não ser lembrada, mas que suas células sempre estarão presentes; sempre receberão atenção e reconhecimento.

De fato, o patriarcado supremacista branco capitalista imperialista tem o poder de apagar a história negra (pense em todos os anos durante os quais a presença de Lacks foi apagada, sua experiência enterrada e esquecida), e, por isso, ainda é possível que Lacks volte à invisibilidade. E, enquanto a autora tenta sugerir que esse tipo de experimento confidencial é uma ocorrência aberrante, não cessaram as muitas violações de corpos femininos negros, praticadas em nome da experimentação médica. Embora sirva ao propósito de Skloot apresentar essa história como rara e incomum, ela não é. É claro que a história das células HeLa é uma ocorrência rara, impressionante, que pode facilmente fascinar os leitores. No entanto, não há nada sensacional na exploração e na violação de corpos femininos negros; é uma ocorrência tão banal que não choca. E, agora que sua identidade está totalmente revelada, Lacks entra para a comunidade do corpo coletivo de mulheres negras que o complexo industrial médico violou e renegou. Talvez um dia ouçamos a história de Henrietta Lacks contada da perspectiva de um observador esclarecido, disposto a examinar de maneira completa, ousada e honesta o modo como o racismo, o machismo e a exploração de classe informaram e moldaram conjuntamente a verdadeira história de vida de Henrietta Lacks e sua família.

Quando vem à luz qualquer história enterrada e esquecida sobre uma mulher (especialmente uma mulher de cor), há motivos para festejar. Muitos leitores comemoram a revelação do papel de Lacks em uma revolução médica, ao mesmo tempo que lamentamos as inúmeras maneiras como ela é inscrita na história por personalidades machistas e racistas. Ela entrou na história médica nua; negaram aspectos de sua individualidade, tomaram pedaços de seu corpo e enterraram seu nome (com sua história); do mesmo modo, partes de seu ser são mais uma vez violadas quando Lacks é chamada de "coisa" pela autora, quando o que está escrito em seu corpo, morto há muito tempo, é mais uma história de desejo e paixão de outra pessoa — a jornalista científica que deseja revelar ao mundo uma história que lhe trará fama e glória. Alguém incapaz de assumir uma perspectiva isenta, influenciada pelo profundo entendimento de como os sistemas do patriarcado supremacista branco capitalista imperialista trabalharam juntos — historicamente na África e nos Estados Unidos, da escravidão até os dias atuais — para negar a vida ao corpo da mulher negra, jamais poderá oferecer aos leitores a verdadeira história de Lacks.

Ensinados por esses mesmos sistemas que o corpo feminino negro existe como um recipiente para alimentar e ajudar o crescimento de outras pessoas, e não para nutrir a si, não poderemos encontrar, na narrativa de Skloot sobre Henrietta Lacks, uma história na qual ela seja o sujeito dos próprios desejos, e não transformada em "outro" ou desumanizada por forasteiros que desejam fazer com que seu corpo carregue as esperanças e os sonhos deles. Tanto o mundo do machismo nas comunidades negras quanto do racismo nas comunidades brancas aceitam e apoiam a violação do corpo feminino negro de Lacks. A transmissão da violação se torna evidente pelos traumas infligidos sobre o corpo de sua filha, Deborah, a criança sem mãe.

Até que nós (e todos) reconheçamos o sofrimento das mulheres negras como um marcador de identidade mais importante do que os modos de manipulação e exploração da dor para atender às necessidades de outras pessoas, mulheres negras não conseguirão cultivar a resiliência de mente, espírito, corpo e coração que requer a esquiva de dissimulações e de falsas personas. Como Kevin Quashie declara em seu estudo *Black Women, Identity, and Cultural Theory* [Mulheres negras, identidade e teoria cultural], "ser amada, ser abraçada, lembrar [...] são metáforas da individualidade; elas marcam um sujeito e articulam uma função [de mulher negra] mas também imaginam e sugerem um outro que está envolvido no ato de ser". O que desejamos para Henrietta Lacks é que seja lembrada por seu martírio não recompensado.

Os aspectos trágicos de sua vida e de sua morte não se tornam menos dolorosos e traumáticos com a heroica revolução médica promovida pelas células HeLa. Para honrar Henrietta Lacks de modo apropriado, devemos permitir uma subjetividade, em seu corpo e seu ser, que ao mesmo tempo se afaste da história das HeLa e a realce. Permitir que essa biografia trágica se torne um mero pano de fundo colorido, subordinado à história daquelas células e de uma descoberta da ciência, é reinscrever a noção de que o que é crucial na vida das pessoas negras não é como vivemos, mas como influenciamos e mudamos a vida dos brancos. Para humanizar Henrietta Lacks integralmente, ela deve voltar ao centro do palco.

Devemos devolver a ela a dignidade que as forças do ódio e da ganância levaram. Não podemos permitir que o racismo, o machismo e a exploração de classe que sobredeterminaram o destino de Lacks sejam ignorados. Como mulheres feministas visionárias esclarecidas que reconhecem a importância do pensamento e da prática feminista, lemos a história de Henrietta Lacks e choramos. Celebremos e lamentemos. Lembremos e resistamos. Nós reivindicamos sua humanidade, Henrietta Lacks. Para nós, você nunca será imortal; não acreditamos que a imortalidade seja uma medida para o seu valor. Conforme recuperamos sua história como nossa história, nós nos certificamos de que você não seja esquecida.

07.
um caminho além da raça: sobre a conversão espiritual

A vocação divina de Martin Luther King era pregar. Ele pregava com arte, uma criatividade divinamente inspirada, maravilhosa de ver. Conseguia convocar massas de pessoas para ouvir a palavra de Deus; o espírito santo santo santo que dele emanava era deslumbrante. King foi uma testemunha profética. Capaz de converter os ouvintes, ele não apenas possibilitou que as pessoas escutassem ensinamentos sagrados como também as convidou a abrir o coração e a se transformar. Uma das escrituras favoritas de King, tirada do livro de Romanos, advertia os crentes, dizendo-lhes: "E não vos conformeis com este mundo, mas transformai-vos, renovando a vossa mente, a fim de poderdes discernir qual é a vontade de Deus". Profeta, pregador, homem de Deus, comprometido com o caminho da justiça e da ação correta, King meditava com frequência sobre esse versículo porque procurava conexão direta com o divino. Ele sabia que tinha necessidade constante de orientação divina. Disposto a refletir criticamente, crescer e mudar, queria apenas fazer a vontade de Deus.

King não foi um pensador original. Apaixonado por ideias, ele se impressionava com as observações de pensadores originais — especialmente as obras de homens intelectuais e/ou visionários brilhantes. De mente aberta, disposto a estudar e aprender, a magia pessoal de King estava em sua capacidade de encarar ideias complexas e desmembrá-las aos poucos, transpondo-as a uma forma coloquial que as tornava acessíveis ao grande público. Dois dos homens que mais influenciaram seu pensamento foram Mahatma Gandhi e Erich Fromm. Desafiado pelo poder aparentemente milagroso da missão de Gandhi de promover uma revolução social que aumentaria as chances de que todos vivessem uma vida de bem-estar, repleta de paz, alegria e cura por meio da resistência não violenta, King se tornou uma testemunha profética da paz. Explicando a influência do trabalho de Gandhi, King escreve em sua grande obra *Strength to Love* [Força para amar]: "Logo percebi que a doutrina cristã do amor que operava pelo método gandhiano de não violência era uma das armas mais potentes para a luta da liberdade do povo negro". A resistência não violenta emergiu como a técnica do movimento, enquanto o amor se firmou como o ideal regulador. Em outras palavras, Cristo proveu o espírito e a motivação, e Gandhi forneceu o método.

O livro de Fromm *A arte de amar* ofereceu a estrutura intelectual para a consciência espiritual de King sobre o amor como uma força divina que unifica toda a vida. Entrevistado por Kenneth Clark e convidado a falar sobre uma ética do amor, King se referiu a Fromm:

> Vários psiquiatras nos dizem hoje que muitas das coisas estranhas que podem acontecer no subconsciente e muitos dos conflitos internos estão enraizadas no ódio, então agora estão dizendo "ame ou pereça". Erich Fromm pode escrever um livro como *A arte de amar* e deixar claro que o amor é o princípio supremo unificador

da vida, e estou tentando dizer, por meio desse movimento, que é necessário seguir a técnica da não violência como a arma mais potente que temos à nossa disposição, mas é também necessário seguir a ética do amor.

Foi o trabalho de Fromm que ajudou King em seu entendimento "de que o tipo certo de amor-próprio e o tipo certo de amor pelos outros são interdependentes".

Houve duas experiências incríveis de conversão na vida de King: sua transformação em um militante não violento e seu apelo por uma revolução social de valores, baseada no compromisso de amar como práxis política — um amor enraizado no compromisso espiritual com o divino. Em sua biografia de Francisco de Assis, *O santo relutante*, Donald Spoto oferece uma compreensão complexa e profunda do significado da conversão. Ao falar sobre transformação espiritual, ele afirma:

A conversão é, portanto, uma resposta a Deus, que nos convida a um estado de completa liberdade, alheio a tudo o que é hostil a Sua bondade e misericórdia. [...] A convocação de Jesus a seus discípulos [...] era um chamado a reconhecer o amor incondicional de Deus por nós, como indivíduos; era um convite a proclamar esse amor ao mundo por meio de atos de carinho, perdão e compaixão pelos demais, recusando-se a exigir as próprias prerrogativas em detrimento dos demais e rejeitando a vingança e a represália. [...] Vista nesta luz, a conversão significa não apenas afastar-se do passado mas também entregar-se ao caminho inesperado, não mapeado que leva ao futuro incalculável no qual Deus vem ao nosso encontro. [...] A conversão se torna então a adoção radical e singularmente pessoal de uma nova vida.

Qualquer estudo crítico sobre a vida privada de King revela que sua decisão de se opor à guerra no Vietnã e sua postura radical de não violência constituíram o gesto de rendição à vontade divina que sinalizou a profundidade de sua entrega espiritual.

Foram necessários muitos dias e noites de oração e de exame de consciência, nos quais King se perguntava "como posso dizer que adoro um deus do amor e apoiar a guerra?", para que sua consciência e suas ações fossem transformadas. Confessando que não foi uma decisão fácil posicionar-se contra o conflito armado e, portanto, contra a nação, King declarou, em seu discurso histórico de 1967, intitulado "Um tempo para quebrar o silêncio": "Alguns de nós que já começaram a quebrar o silêncio da noite descobriram que o chamado para falar muitas vezes é um grito de agonia, mas precisamos falar". Como ele unia a teologia ao trabalho pela transformação social, as pessoas podiam facilmente ignorar seu esforço para aceitar novas ideias, novas visões. Ainda que o público estadunidense saiba que King nos conclamou a amar uns aos outros, confiando nas escrituras bíblicas, é absolutamente essencial que entendamos a profundidade de sua devoção espiritual, uma dedicação alicerçada em seu reconhecimento do amor incondicional de Deus e em sua consciência de que Deus estava pedindo que declarasse esse amor ao mundo, mesmo correndo o risco de perder a vida. É por isso que ele enfatizava com tanta frequência em seus sermões que havia optado por amar, proclamando, em seu discurso intitulado "Para onde vamos daqui?":

Decidi amar. Se você está buscando o bem maior, acho que pode encontrá-lo por meio do amor. E o mais bonito é que estamos nos movendo contra o mal quando fazemos isso, porque João estava certo, Deus é amor. Aquele que odeia não conhece Deus, mas quem tem amor tem a chave que abre a porta para o significado da realidade suprema.

Já em 1956, falando ao Primeiro Instituto Anual de Não Violência e Transformação Social, King compartilhou suas opiniões sobre o amor, explicando-as longamente, dizendo ao público que "as virtudes do amor, da misericórdia e do perdão devem permanecer no centro de nossa vida". Ao afirmar que "o amor pode muito bem ser a salvação de nossa civilização", ele incitou os ouvintes a ver o amor como a força que deve moldar a natureza e os resultados da luta de resistência: "O objetivo é a reconciliação; o objetivo é a libertação; o objetivo é a criação da comunidade amada. [...] É esse amor que trará milagres ao coração dos homens". King entendeu que muitos brancos não esclarecidos temiam que, se as pessoas negras ganhassem mais poder, retaliariam violentamente aqueles que os oprimiram — daí sua constante insistência de que as pessoas negras amassem nossos inimigos.

Eu era adolescente quando a coragem e o carisma de Martin Luther King abalaram esta nação e o mundo, e admirava seu compromisso com a luta antirracista. No entanto, esse compromisso não parecia à minha mente adolescente tão digno de consideração desmedida. Em nossa cidade supremacista branca, onde o apartheid racial era a norma, todos os nossos líderes pregavam que trabalhássemos pela luta pelos direitos civis. Todos os nossos líderes pregavam o amor pelos inimigos. Na adolescência, a resistência política dos militantes black power me fascinava muito mais. Se tivéssemos que escolher entre Malcolm e Martin, eu com certeza votaria em Malcolm.

Contudo, quando deixei minha pequena cidade, passei a frequentar comunidades e faculdades predominantemente brancas e me envolvi mais com o ativismo pela liberdade, foi nos escritos de King que busquei inspiração e conselhos sábios.

Como muitos estadunidenses, li o pequeno volume de sermões de King, *Strength to Love*, publicado pela primeira vez em 1963, para me dar esperança. Até então, era evidente que nossa cultura estava sendo transformada pela visão de King de que o amor era a maneira mais construtiva de criar uma mudança social positiva que beneficiaria a todos. Motivada por nossa crença em uma ética do amor, uma grande massa de estadunidenses trabalhou, no final dos anos 1960 e no início dos anos 1970, para desaprender a lógica da dominação e da cultura dominadora. Embora a luta militante black power certamente tenha ajudado a trazer importantes reformas sociais, também produziu uma cultura de desespero, porque o apoio à violência e ao imperialismo era um componente central dessa agenda. A insistência de King no amor havia proporcionado às pessoas uma mensagem duradoura de esperança. Tragicamente, ele não viveu tempo suficiente para ser uma voz iluminada em favor do amor-próprio entre as pessoas negras. Ele se concentrou tão intensamente no projeto de acabar com o ataque racista branco às comunidades negras que não aprimorou seu pensamento sobre a necessidade do amor-próprio. No entanto, em *Strength to Love* ele se dirige aos defensores da violência imperialista patriarcal, brancos ou negros, quando afirma:

A pessoa de coração duro nunca ama verdadeiramente [...]. A pessoa de coração duro não tem capacidade para a compaixão genuína [...]. O indivíduo de coração duro nunca vê as pessoas como pessoas, mas como meros objetos ou como engrenagens impessoais em uma roda sempre girando [...]. Ele despersonaliza a vida.

Ciente da necessidade de acabar com a dominação de modo global, King advertiu:

> Em um esforço para alcançar a liberdade na América, Ásia e África, não devemos tentar pular de uma posição de desvantagem para uma de vantagem, subvertendo a justiça. Devemos buscar a democracia, e não a substituição de uma tirania por outra. [...] Deus não está interessado meramente na liberdade de homens negros, homens pardos e homens amarelos; Deus está interessado na liberdade de toda a raça humana.

Sua visão de um amor redentor envolvia a promessa de que tanto opressor quanto oprimido poderiam se recuperar das feridas da desumanização. Essa visão não é muito diferente da que nos foi ensinada durante a Guerra do Vietnã pelo querido monge budista Thich Nhat Hanh, indicado por King ao Prêmio Nobel da Paz.

Do mesmo modo que busquei os escritos de King quando tinha vinte e poucos anos para renovar meu espírito, voltei a essa obra mais de vinte anos depois, enquanto vivia um despertar espiritual renovado, uma consciência cada vez maior do poder transformador do amor. Como King, eu passava por uma conversão — não no sentido convencional de um momento decisivo de mudança, mas de conversão como processo, um projeto em andamento. Conforme estudava e escrevia sobre o fim da dominação em todas as suas formas, ficava cada vez mais nítido para mim que a política enraizada na ética do amor poderia produzir uma transformação social significativa e duradoura. Quando viajei pelo país perguntando às pessoas o que lhes permitia ser corajosas quando lutavam pela liberdade — em seu trabalho para acabar com a dominação de raça, gênero, sexualidade, classe ou religião —, a resposta que recebi foi: o amor.

Em todo o mundo, indivíduos que trabalham pela paz e pela justiça evocam a visão de King de uma comunidade amada, onde pessoas comprometidas com a não violência criariam uma nova ordem social baseada na justiça e no amor. Essa era a visão profética de King. No livro *The Soul of Politics* [A alma da política], Jim Wallis lembra aos leitores que

> a vocação profética é desafiar o velho enquanto anuncia o novo. [...] Os profetas bíblicos sempre tiveram uma tarefa dupla. Primeiro, foram ousados ao dizer a verdade e proclamar a justiça que está enraizada em Deus [...]. Mas, além de dizer a verdade, os profetas tinham uma segunda tarefa. Apoiavam uma visão alternativa, ajudavam as pessoas a imaginar novas possibilidades.

A visão de King sobre viver com base em uma ética do amor é a filosofia de ser e tornar-se que poderia curar nosso mundo hoje. Uma testemunha profética da paz, um apóstolo do amor, Martin Luther King nos deu o mapa. Seu espírito ilumina o caminho, guiando até a verdade de que o amor em ação é o caminho espiritual que liberta.

08.
metendo o pau:
uma conversa sobre
Crash: No Limite

bell hooks e a cineasta Gilda L. Sheppard

GILDA SHEPPARD | Quero discutir a respeito de filmes específicos, comercializados e aclamados pela crítica como progressistas em sua abordagem de raça, sexo e classe, em busca de entender se as mensagens incorporadas nesses trabalhos realmente encorajam e promovem uma narrativa contra-hegemônica que desafia as estruturas convencionais de dominação que apoiam e mantêm o patriarcado supremacista branco capitalista.

BELL HOOKS | James Baldwin adorava dizer que o sentimentalismo é "o desfile ostensivo de emoções excessivas e espúrias, a marca da desonestidade, a incapacidade de sentir".

Muitas pessoas veem *Crash: No Limite* como um filme que invoca sentimentos e paixões profundas. Na verdade, trata-se de um filme sentimental e melodramático no formato clássico de Hollywood.

GS | Um formato hollywoodiano clássico que geralmente tem uma estrutura narrativa caracterizada pela construção de um protagonista ou "herói" movido por uma meta. Esse herói é normalmente um homem branco, e ele tem que resolver uma situação sozinho. Os atores coadjuvantes funcionam como operários da trama, oferecendo alguma aparência de redenção para o herói. Quando pessoas de cor são selecionadas para o elenco em várias narrativas hollywoodianas, muitas vezes são usadas como acessórios que dão apoio ao herói, consequentemente chancelando e normalizando um sistema de ideias e práticas do patriarcado supremacista branco capitalista. O herói se torna a "grande esperança branca" ou o branco salvador.

Isso é comprovado historicamente pela adaptação cinematográfica de doze minutos que Edwin S. Porter fez de *A cabana do Pai Tomás*, em 1903. O primeiro personagem negro apresentado no filme é interpretado por um ator branco e se afastou um pouco da intenção e do caráter do romance original de Harriet Beecher Stowe. O romance de Stowe não era um texto contra-hegemônico; no entanto, ela tentou escrever seu romance como um texto contrário à escravidão, com o objetivo de expor as brutalidades e a imoralidade desse sistema. Por mais imperfeito que fosse, o texto conseguiu dar ânimo ao discurso abolicionista. Na versão cinematográfica, o herói Tom retratado por Porter era um escravo infantilizado, tolo e feliz. A mensagem do filme, claramente, era de que a escravidão não era de todo ruim; de fato, os escravizados "assobiavam enquanto trabalhavam", como Tio Remus, personagem da Disney de 1946. O filme de Porter foi feito em um momento histórico em que W.E.B. Du Bois declarava, com a publicação de *As almas da gente negra*, em 1903, que o "problema do século xx é o problema da barreira racial". Esse também era um período em que o linchamento estava disseminado nos Estados Unidos pós-emancipação. Portanto, a representação do tolo "negrinho feliz" no filme de Porter complementava o filme de D.W. Griffith, *O Nascimento de uma Nação*, de 1915, pós-Guerra Civil e na era da Reconstrução. Esse filme racista e favorável à Ku Klux Klan (KKK) retratava pessoas negras como brutos que molestavam mulheres brancas e, portanto, precisavam ser subjugados, presos e mortos. Foi usado para proteger a santidade artificial das políticas de segregação e para informar os cidadãos recém-chegados de que deveriam tomar cuidado e aceitar que a segregação seria preservada por vigilantes como a KKK.

Portanto, os personagens construídos na mídia, sobretudo em Hollywood, não são construções meramente racistas. Elas também informam e refletem políticas e questões sociais que impactam os direitos civis e humanos. Como Jared Ball escreve na *Voxunion Media*:

> Os meios de comunicação não são meramente a televisão, o rádio, o cinema, livros, internet etc. Essas são as tecnologias que tornam os meios disponíveis. Essa definição desestimula uma compreensão adequada dos meios de comunicação como símbolos, definições, normas e ideologias da sociedade, todos intimamente ligados a questões sobre quem detém o poder e como esse poder será mantido.

Representações racistas estereotipadas estão incorporadas e são persistentes na construção clássica hollywoodiana do herói, em especial quando pessoas negras e outras representações de personagens marginalizadas são escolhidas. O filme *Crash* não deixa de reinscrever essas construções estereotipadas.

BH | Em *O herói de mil faces*, Joseph Campbell demonstra como a cultura ocidental de fato vive do mito clássico do herói.

O herói clássico triunfa sobre seu companheiro. Ele tem força. Seu heroísmo deve ser reconhecido. Ele consegue o que quer pela força e domina os outros. Em *Crash*, o personagem de Matt Dillon, Ryan, é construído como o herói. É o único personagem que ultrapassa limitações e preconceitos pessoais. Sua predisposição a arriscar a própria pele para salvar a vida da mulher negra que ele havia violado e humilhado não nasce de uma preocupação com a humanidade dela, mas da necessidade desesperada de provar que é digno do status de herói. É seu momento de glória. E, como todos os heróis de Hollywood, ele rouba a cena. Seus pecados são perdoados, e ele pode continuar a dominar outras pessoas.

Os espectadores podem não experimentar conscientemente o filme como mais uma produção pertencente a uma longa linha de narrativas hollywoodianas racializadas, desde *O Nascimento de uma Nação* até os filmes atuais cujos temas e enredos estão centrados no triunfo de homens brancos sobre emoções bestiais. Podemos não estar conscientes dessa narrativa, mas ela se desenrola no inconsciente. É o tipo de narrativa cinematográfica que o público espera.

GS | Essa expectativa tem impacto no nosso senso de agência e investigação crítica. Como você escreveu:

> Gostemos ou não, o cinema tem papel pedagógico na vida de muitas pessoas. Mesmo que um cineasta não tenha a intenção de ensinar algo ao público, não significa que lições não sejam aprendidas. [...] Além de oferecer uma narrativa para discursos específicos sobre raça, sexo e classe, filmes também oferecem uma experiência compartilhada, um ponto de partida comum

por meio do qual públicos diversos podem dialogar sobre esses assuntos polêmicos.

No entanto, com poucas exceções, o diálogo sobre *Crash* na alfabetização midiática, com professores, educadores, acadêmicos e ativistas, foi dominado por celebrações — o filme foi parabenizado pela bravura de enfrentar questões sensíveis. Raramente se questiona o modo como ele reinscreve uma narrativa hollywoodiana que perpetua imagens estereotipadas e caracterizações conservadoras de questões que envolvem raça, classe, gênero, sexualidade e noções de império — em outras palavras, reafirma o patriarcado supremacista branco capitalista. Usando o que você chama de "olhar opositor", o filme justifica esse tipo de questionamento.

O policial Ryan (Dillon) é o único personagem em *Crash* a quem o público pode ver como dinâmico, fato que não é discutido de nenhuma maneira como uma questão sensível do filme. O que é em geral afirmado é que "não há heróis". Essa noção persiste mesmo quando se apresenta ao público que os motivos das ações de Ryan são fraqueza humana, frustração e raiva. Somos constantemente lembrados, em várias cenas, de sua compaixão pelo pai doente. Essa compaixão é cuidadosamente justaposta à "contradição" de suas ações de violação sexual e de seu triunfo final e repentino como salvador da mesma mulher negra que havia violentado sexualmente. Nenhum outro personagem em *Crash* é construído com tal dinamismo.

De fato, Ryan é apresentado como o filho compreensivo de um pai que sofre de uma infecção do trato urinário. O filme representa essa situação repetidas vezes por meio de cenas em que Ryan cuida do pai, abraçando-o no banheiro — até mesmo no vaso sanitário. Ah, o fator pênis como símbolo da masculinidade — dessa vez, o homem caído! Ficamos sabendo que o pai de Ryan era dono de uma empresa de limpeza e contratou homens negros oferecendo "salários decentes"; entretanto, Ryan afirma que o pai também perdeu contratos para concorrentes integrantes de minorias. É o que acontece quando você pratica atos progressistas. Você perde até sua carreira e sua "masculinidade" e fica exposto ao olhar de todos. Esse contexto serve de palanque, no filme, para argumentos contra ações afirmativas apoiados por meio de um chefe de polícia negro inescrupuloso, que conscientemente recua ao ser informado sobre as ações de um policial racista em sua equipe. O policial negro chega a afirmar que não vai pôr a carreira "em risco" por "integridade" ou para "buscar justiça". Essa cena alinha o sistema do racismo a uma conformidade individual dos membros do grupo oprimido. Em outra cena, o subtexto nitidamente diz respeito ao modo como as políticas de ação afirmativa permitem contratações não qualificadas, principalmente quando baseadas na raça. A cena é introduzida por uma mulher negra gerente de uma HMO[16] burocrática, cujo nome não poderia ser outro senão Shaniqua,[17] que não pode ou não vai ajudar Ryan.

Deve-se observar que é essa a cena que apresenta Ryan ao público. Ryan é visto pela primeira vez enquanto fala com

16. Acrônimo para *health maintenance organization* [organização de manutenção da saúde], um tipo de plano de saúde existente nos Estados Unidos. [N.T.]

17. O nome próprio Shaniqua é uma gíria estadunidense ofensiva para descrever de forma estereotipada uma mulher negra residente em um bairro pobre. [N.E.]

Shaniqua, interpretada por Loretta Devine. Talvez o diretor Paul Haggis tenha captado a dica de Bill Cosby, dando à personagem o nome de Shaniqua como código para ignorância. As expressões faciais de Shaniqua foram coreografadas para ridicularizar as chamadas expressões negras, evocando as caricaturas encontradas em menestréis[18] e, assim, servindo de base para que o personagem Ryan lançasse insultos e expressasse pouca surpresa com a impossibilidade de conseguir ajuda para o pai com Shaniqua — que, como anunciado no próprio nome, não o surpreende por ser negra e certamente ignorante, desqualificada para ajudá-lo.

Imediatamente depois desse encontro com uma mulher negra (Shaniqua), a próxima ação de Ryan é violar sexualmente outra mulher negra durante uma blitz falsa a um casal de classe média alta: Cameron, interpretado por Terrence Howard, e a vítima da violação, Christine, interpretada por Thandiwe Newton. Essa blitz falsa acontece apesar dos protestos do parceiro de Ryan, o policial Hansen. Hansen é apresentado em várias cenas do filme como um policial branco progressista, que se manifesta sempre que vê violações contra negros e que, como o pai de Ryan, é um suposto "amigo dos negros". No entanto, notavelmente, no final, o progressista Hansen comete o único assassinato do filme. E, é claro, segundo o formato clássico de Hollywood, quem morre é um homem negro. Portanto, se você

---

18. *Minstrel shows* ou *minstrelsy* eram um tipo de entretenimento popular nos Estados Unidos no século XIX, em que artistas brancos pintavam o rosto de preto (prática conhecida como *blackface*) e imitavam de modo caricatural e estereotipado a maneira de cantar e dançar dos negros escravizados, sempre representados como preguiçosos, intelectualmente inferiores, supersticiosos etc. [N.T.]

é progressista, pode perder sua "masculinidade" e você não é confiável, porque seu medo inato do outro pode fazer com que de repente cometa um assassinato. Ter um homem negro entre os primeiros ou como o único a morrer nesse filme é outra característica clássica do cinema hollywoodiano.

Os atos de violação sexual raivosa cometidos por Ryan durante a falsa blitz de trânsito parecem ser uma reação, embora grosseira, aos encontros com duas mulheres negras: primeiro, sua tentativa frustrada de obter assistência para o pai doente com Shaniqua, e, segundo, com Christine, que verbalmente protesta contra a falsa blitz de Ryan e também comenta que, por causa de sua pele clara, Ryan deve ter "pensado que viu uma mulher branca chupando um homem negro". Mais uma vez, a boca de uma mulher negra é objeto de terrorismo contra ela. Ryan, portanto, deve puni-la e domá-la, enquanto o marido, o diretor de TV afro-estadunidense Cameron, e Hansen assistem à cena como voyeurs impotentes. Essa demonstração pública de impotência lhes permite ser condescendentes em face do patriarcado supremacista branco capitalista, cedendo ao subtexto de que não há nada, absolutamente nada, que se possa fazer, mesmo quando os agentes da supremacia branca estão em menor número. Protestos verbais ou físicos são impossíveis.

Algo que vale a pena notar é a direção cinematográfica sexualizada do diretor Paul Haggis tanto da violação sexual de Christine quanto, na manhã seguinte, do resgate melodramático de Christine em um acidente de carro. O olhar pornográfico branco está claramente representado na direção dessas cenas.

Não se trata de uma violação veloz e furiosa. O diretor a encenou cuidadosamente, enquadrando em um plano médio a violação lenta e calculada que Ryan pratica. Exibindo a expressão facial de prazer pornográfico de Ryan enquanto ele se inclina, a câmera segue suas mãos, que se movem lentamente sob o vestido de Christine e exibem um movimento quase masturbatório para indicar que ele até a penetra com a mão em sua investigação pornográfica do corpo dela. A câmera corta para a expressão no rosto de Christine, outrora demonstrando um protesto confiante, agora reduzida à dor e à submissão vergonhosa. A câmera então foca o olhar de Ryan enquanto ele fala em voz baixa ao marido de Christine sobre ter violado a lei por ter praticado uma conduta obscena de sexo oral enquanto dirigia. Isso lembra ao espectador que a personagem de Thandiwe Newton foi apresentada não apenas como uma mulher de classe média que volta para casa com o marido: ela aparece no filme pela primeira vez quando vemos, de repente, sua cabeça, ao se levantar depois de praticar sexo oral no marido enquanto ele dirige. As primeiras impressões são as que ficam? Depois que o casal recebe permissão para ir embora, Christine é pouco ou nada confortada pelo marido. Mais tarde, ele a castiga por falar demais, do mesmo modo que Ryan, também com uma violação sexual. O marido de Christine diz, com raiva: "O que eu podia fazer? Eles tinham armas". Ela desconta a raiva no marido e decide que nem sequer prestará queixa da violação.

Logo depois dessas cenas, e repentinamente em tempo cinematográfico, na manhã seguinte o violador sexual Ryan realiza um ato semelhante de invasão sexual, só que dessa vez o ato é visto como um resgate, *à la* grande esperança branca, da personagem Christine em um acidente de carro dramático. Na segunda vez que Ryan encontra Christine, ela está gritando e vulnerável, presa de cabeça para baixo no carro, respirando com dificuldade; quando ele se aproxima, pedindo que se acalme, ela grita ainda mais ao vê-lo e reconhecer seu violador. Ela está mais uma vez vulnerável e desamparada quando Ryan diz: "Não vou te machucar", demorando-se em puxar o vestido dela para baixo, como se estivesse protegendo sua própria propriedade e posando de casto, como se dissesse: "Não vou violar você desta vez. No entanto, ainda sou eu quem está no controle". Sim, vou salvar seu pobre rabo porque agora me transformei na grande esperança branca. Haggis novamente dirige esse resgate cuidadosamente como uma cena sexualizada, só que dessa vez Ryan domina Christine, e ela finalmente se submete.

Os lábios de Ryan e Christine quase se tocam enquanto ela grita. Os ângulos das câmeras os põem em posições sexualizadas, de bruços, enquanto ele puxa o cinto de segurança para soltá-la do carro capotado. O interessante é que a mesma música de fundo, um pouco angelical e celestial, serve de trilha sonora para duas cenas: a da violação e a do resgate. Uma vez resgatada e arrastada do carro prestes a explodir, a ação final dessa sequência mostra Christine se afastando do acidente assistida pela polícia e por médicos, e, de repente, ela se vira para encarar seu "salvador". Esse olhar remete à cena de *A Última Ceia*, quando Halle Berry se vira e olha para Billy Bob Thornton enquanto ele a fode agressivamente por trás. Esses não são olhares questionadores. Eles dão a impressão de que as duas personagens femininas estão dizendo: "Sou grata a você, meu ditador benevolente". Depois desse olhar, a câmera se volta para Ryan apoiado em um dos joelhos, olhando Christine ser levada embora. A imagem dele domina o quadro. Todo o resto é reduzido a nada enquanto sua imagem se torna grandiosa. Nesse "resgate" que é um ato de fé, o público pode ver um artifício do desenvolvimento psicológico de Ryan na estrutura narrativa do filme.

BH | O filme é sedutor para o público neste momento histórico, porque muitas pessoas negras sentem que nossa voz, nossas imagens, nossa dor e nosso sofrimento, causados pela exploração e opressão supremacistas brancas, são ignorados. Os espectadores negros ficaram emocionados com o fato de que alguém se deu ao trabalho de retratar o sentimento de violação que tantas vezes sentimos ao enfrentar o racismo cotidiano. Quando o policial branco para o casal negro, acontece um linchamento simbólico. Há castração. Há vergonha pública e emasculação do homem negro, não apenas pelo policial branco mas também pela mulher negra. Essas são as mesmas velhas imagens estereotipadas. E, em última instância, as mulheres negras são culpadas pela degradação negra, por humilhar o homem negro. A única mulher negra que "tem tudo sob controle" está totalmente associada à branquitude e ao poder masculino branco. No final dos anos 1960 e no início dos 1970, a questão era: quem será criado para reverenciar a mulher negra? *Crash* nos diz que ninguém nunca vai reverenciar a mulher negra porque ela não é digna de reverência. A personagem de Thandiwe Newton, representando a beleza birracial, simboliza o corpo feminino que é ponto de encontro para o desejo masculino negro e branco, trazendo outro tema da escravidão para os dias atuais. Ela é a elegante protagonista, a protagonista do desejo mútuo, mas também é indigna.

Assim como a estereotipada personagem mulata Sarah Jane no filme *Imitação da Vida*, seu momento heroico chega quando enfrenta a morte. A personagem de Thandiwe Newton,

Christine, torna-se a mulata trágica[19] por completo quando consegue "perdoar" seu violador sexual e se render a seu toque salvador. Implora ao homem branco para salvá-la e se apega a ele.

Se o público estabelecesse uma comparação acerca da narrativa pública sobre raça entre os filmes *Crash* e *O Guarda-Costas*, seria capaz de ver a diferença entre a afirmação pública explícita da consideração masculina branca pelas mulheres negras e os rituais desumanizadores que acontecem em *Crash*. Em *O Guarda-Costas*, há uma cena com uma mulher branca que se coloca entre o personagem de Kevin Costner e a personagem de Whitney Houston — a mulher negra que ele deseja. Ele deixa claro para a mulher branca: não escolho você. Ele não degrada a mulher negra por quem sente afeto. Curiosamente, em *Crash* a personagem de Thandie Newton deve ser reduzida a esse caos depreciativo e humilhante, pedindo ao homem branco que a salve. Ele então se torna a figura de Cristo. A imagem dela chorando, agarrada ao homem branco, aparece em muitos pôsteres e anúncios do filme.

Em vez de retratá-la como igual, como em *O Guarda-Costas*, temos o apagamento dessa narrativa inter-racial libertadora e a substituição por uma narrativa inter-racial em que a mulher negra está sempre subordinada, dependente do homem branco para sobreviver. Não importa quão bonita seja a personagem de Newton no início do filme — ela parece monstruosa naquele momento em que se agarra ao homem branco em seu batismo

---

19. O estereótipo da mulata trágica, comum na cultura estadunidense, refere-se à mulher birracial, dividida entre a herança branca e a herança negra, atraente para os homens brancos, mas à qual é reservado um final trágico devido à "mácula" representada por seu sangue negro. [N.E.]

de fogo. Suas feições estão distorcidas. Ironicamente, é só dessa vez que a vemos sendo emocionalmente atenciosa na relação com o marido negro. Logo depois dessa cena, ela telefona e diz: "Eu te amo". Nós nos perguntamos o que esse amor significa no contexto de todas as infidelidades que vemos no filme. Na vida real, os corpos de mulheres negras não são salvos por heroicos homens brancos fascistas.

Na cultura contemporânea, os corpos de todas aquelas mulheres negras abandonadas e perdidas, desaparecidas e mortas depois do furacão Katrina, disseram ao mundo que o corpo de mulheres negras não é digno de salvação. É uma imagem de genocídio. Um aspecto perturbador de *Crash* é a falsa narrativa do resgate da mulher negra pelo homem branco. No geral, o filme é, de fato, sobre a destruição e a degradação da mulher negra. Vemos homens e mulheres negras representados como agentes de sua própria destruição ou da destruição uns dos outros, enquanto a família branca é completamente idealizada. Em *Crash*, até o homem latino é retratado em um relacionamento cheio de tensão com a esposa. A mensagem veiculada é de que ela não é igual a ele. Ele é o pai, a autoridade. O patriarcado está intacto. *Crash* oferece a imagem de homens brancos como tolerantes e compassivos, e mulheres brancas como choronas, infelizes e idiotas desajeitadas. A mulher branca é, em certo sentido, a continuação da ideia vitoriana da mulher louca no sótão. No entanto, ela ainda é digna de respeito, enquanto as pessoas negras nesse filme não são. Fico espantada quando pessoas negras me dizem que *Crash* fala sobre raça de maneira nova e diferente. O filme simplesmente não faz isso. Um dos melhores filmes de nossa época que levanta uma discussão profunda sobre raça é *Quatro Meninas*, de Spike Lee. Esse filme não tem conotação sexualizante, desprezo brutal, nenhuma construção de pessoas negras como animais. Em *Crash*, as imagens de pessoas negras são clones mal executados das imagens de negritude retratadas no filme *Pulp Fiction*, de Quentin Tarantino, e nos filmes *blaxploitation*.[20]

O ponto de partida de *Crash* é a sexualidade, e a sexualidade é sempre racializada nos Estados Unidos. O homem branco é retratado como um voyeur que observa o quarto de um casal heterossexual negro (nesse caso, o carro é o quarto simbólico).

GS | A edição e a sequência das cenas do filme ilustram nitidamente uma hierarquia no desenvolvimento dos personagens.

Exibir a violação sexual imediatamente depois da conversa fracassada de Ryan com Shaniqua é uma tentativa de predispor o público a ver as ações de Ryan como mera contradição de caráter ou, na melhor das hipóteses, como reação a sentimentos raivosos deslocados, o que poderia se resolver em algumas sessões de controle de raiva. Esse posicionamento narrativo do diretor é uma tentativa deliberada de minimizar a ação horrível da violação sexual. O uso do sentimentalismo no filme é generalizado em seu suposto nivelamento de todos como igualmente racistas ou preconceituosos, mas é de fato isso que o filme faz? *Crash* nos permite ter empatia pelo policial Ryan, entender sua "dor" e sua frustração reprimida, não apenas por meio de narrativas verbais mas também cena após cena de

---

20. Movimento do cinema estadunidense em voga durante a década 1970 e cujo nome deriva da junção das palavras *black* [negro] e *exploitaiton* [exploração]. Dirigidos e protagonizados por pessoas negras e também direcionados a uma audiência negra, os filmes *blaxploitation* acabaram recebendo duras críticas por representar estereótipos negativos de pessoas negras. [N.E.]

interações com o pai e colegas de trabalho. O diretor aposta na ambivalência do público para não necessariamente perdoar, mas entender e encontrar alguma empatia pela violação sexual de Ryan a outra mulher negra, que ergue a voz em protesto.

Ryan se revela, portanto, como parte de uma hierarquia de desenvolvimento dos personagens.

BH | Ao mesmo tempo que vamos ao cinema e vemos mais pessoas de cor do que nunca, ainda estamos assistindo à mesma hierarquia de desenvolvimento e posicionamento de personagens. Nos é permitido ter mais empatia pelo personagem de Ryan porque a empatia é baseada na conscientização e na compreensão, e assim podemos entendê-lo melhor.

GS | O poder do Estado é onipresente nesse filme. O personagem de Don Cheadle é um detetive à paisana que contrasta com outros personagens masculinos.

BH | Enquanto vemos sua raiva e sua hostilidade, não enxergamos, de fato, a base de seus sentimentos. Não sabemos sobre seu pai. Vemos o desprezo que ele demonstra pela mãe, bem como seu anseio pela atenção dela. Apesar dessas emoções conflitantes, não vemos realmente nada sobre o desenvolvimento do personagem. Não o vemos demonstrar qualquer empatia genuína por outras pessoas.

GS | Essa construção unidimensional dos personagens nos filmes de Hollywood era uma característica dos primeiros trabalhos do diretor Haggis como roteirista da bem-sucedida série de TV *Walker: Texas Ranger*, estrelada por Chuck Norris, que semana após semana exibia suas artes marciais contra vilões. O trabalho mais recente de Haggis foi como roteirista do filme *Menina de Ouro*, que mostra a vida de todos os personagens fora do ringue de boxe. Até mesmo o personagem com deficiência intelectual, cuja aparição no filme é breve, tem uma história para além da conexão com o boxe. No entanto, nada ficamos sabendo sobre o personagem de Morgan Freeman além de sua tentativa fracassada e de sua tragédia física no mundo do boxe.

No caso do personagem de Don Cheadle em *Crash*, chegamos a conhecer sua mãe. Ela é apresentada dentro de casa, por meio de uma tomada lenta e panorâmica de adoráveis fotografias familiares contemporâneas em preto e branco, nas quais James Van Der Zee retrata casais afro-estadunidenses sorrindo, crianças negras em atividades esportivas e homens vestindo uniformes militares e ternos. No entanto, no final dessa panorâmica, pode-se ver toda uma parafernália de drogas em cima da mesa. Aí está: uma boa família, mas a mulher negra será uma mãe louca viciada em drogas que, mesmo em sua letargia drogada, culpa o filho "bem-sucedido" por sua miséria. Ela é simultaneamente mãe heroína e Sapphire.[21] Haggis expandiu os papéis estereotipados para torná-los dinâmicos, uma vez que as pessoas de cor não se resumem apenas a um estereótipo, mas podem incorporar dois estereótipos ao mesmo tempo. Tal dispositivo deixa o

---

21. Sapphire é um estereótipo racista comum nos Estados Unidos que consiste em apresentar mulheres negras como fortes, dominantes, agressivas e castradoras, em oposição à passividade, à fragilidade e à domesticidade da feminilidade branca. Também conhecido como "matriarca negra", o estereótipo foi usado para culpar as mulheres negras pelos problemas na sociedade civil negra e normalizar seu abandono por maridos e amantes. [N.T.]

público com a ideia de que ela veio de uma família intacta e, no entanto, devido a fraquezas pessoais ou a total falta de agência, a família negra "se reduz" a mulheres solteiras chefes de família. E essas chefes de família negras solteiras são um "emaranhado de patologias" que reafirma as declarações racistas e machistas que o falecido senador Daniel Moynihan fez em 1965 para desacreditar as mulheres negras e culpá-las pelos problemas da família negra, tornando assim invisível a crescente feminilização da pobreza, além de manter ocultos os danos da opressão interligada de raça, classe e gênero. Nessa época pós-furacão Katrina e pós-Onze de Setembro, tais opressões interligadas causaram estragos nas mulheres em todo o mundo e em nossas comunidades locais. Os danos às mulheres negras são particularmente evidentes, e Haggis os exemplifica por intermédio de seus personagens masculinos.

BH | Aqui, mais uma vez, temos a imagem da mãe negra nesse filme, que tem paralelos com a imagem da mãe em *Voltando a Viver*. Ambos os filmes retratam a mãe negra em um estado degradado e desumanizado. Ela é monstruosa. Essa é a imagem da mulher negra que a cultura dominante explora no momento.

O corpo das mulheres negras se torna o palco em que as fantasias pornográficas patriarcais brancas são encenadas. Torna-se a arma que os homens brancos dominadores usam contra a masculinidade negra. Nessa fantasia masculina branca sobre a feminilidade negra, a mulher negra é um veneno tóxico para todos com quem entra em contato, independentemente de cor, classe, educação ou casta. A mensagem definitiva de *Crash* é de que negritude é morte. E é apenas eliminando a negritude que a supremacia branca pode sobreviver e prosperar.

Em *Crash*, as pessoas negras não têm pai. No entanto, existem grandes pais brancos em todos os níveis do filme. Alguns pais brancos públicos são líderes políticos. Há também pais brancos envelhecendo, vulneráveis e dignos de nossa consideração. Quando entramos na zona privada do homem branco idoso, o personagem do policial estadual fascista Ryan é humanizado, isto é, torna-se o filho carinhoso. A mensagem transmitida é de que o "pai" branco pode ser um pseudo Hitler na esfera pública, mas, na vida privada, é compassivo e atencioso. Não vemos nenhuma pessoa negra no filme mostrar compaixão e carinho por um idoso.

GS | Nenhuma compaixão por um idoso, nem compaixão ou carinho por mulheres negras. Isso é evidente sobretudo nas representações dos dois jovens negros de *Crash*, os personagens de Ludacris e Larenz Tate, apresentados em meio a uma discussão acalorada sobre "discriminação racial" que parece interessante a princípio, mas, assim como a cena panorâmica das fotografias na casa da mãe do personagem de Don Cheadle se inicia cheia de possibilidades, o roteiro de Haggis encurrala qualquer lampejo de análise sistêmica feita por jovens negros periféricos. As discussões dos jovens sobre racismo ou privação de direitos são redirecionadas repetidas vezes. No início, esses dois personagens acusam as mulheres negras de serem difusoras de estereótipos masculinos negros. O personagem de Ludacris comenta: "As mulheres negras não pensam por meio de estereótipos?", e continua dizendo: "Alguma vez você conheceu uma mulher negra que não achava que sabia tudo sobre sua bunda preguiçosa?". Mais uma vez, as mulheres negras são as culpadas.

BH | Um comentário que qualquer pessoa pode fazer com segurança sobre *Crash* é que, definitivamente, é digno do prêmio de retratar as representações mais odiosas da masculinidade negra que se pode ver em um filme, como há muito tempo não se fazia. O que é uma ironia, considerando que o filme tem muito mais personagens negros do que a maioria dos filmes hollywoodianos e que essas representações apareceram quando comentadores políticos e formuladores de políticas estavam dizendo ao público como os homens negros são profundamente marginalizados. *Crash* expõe o ponto de vista conservador de que os homens negros escolhem sua própria marginalização. É quase como se *Crash* fosse a representação conservadora da visão de Orlando Patterson de que os negros estão sofrendo não por causa da opressão e da pobreza, mas de seus valores culturais. E não é por acaso que o repositório da negritude e dos valores culturais são os dois rapazes retratados como pseudogangsta rappers, fãs de hip-hop. Essa construção urbana fictícia da negritude, da identidade negra, foi transplantada, tirada da cena do gueto da Costa Leste e colocada na paisagem da Califórnia. É em parte por isso que o filme se torna melodramático e estranho nesse ambiente.

O filme de Haggis sugere que todas as pessoas negras são loucas e que os homens negros são particularmente loucos. Se a sanidade é a capacidade de encarar a realidade, então a loucura é viver em um mundo de fantasia. O que de fato vemos nesse filme é a masculinidade negra jovem presa em um mundo de fantasia condenado — ela não pode sobreviver. Aquele mundo é vivido pelo filho mais novo que usa a medalha de São Cristóvão. Mesmo com o cristianismo, sua espiritualidade está fora do contexto da cultura espiritual negra tradicional. A religião não pode alimentá-lo, não pode resgatá-lo. Não pode nem ao menos conectá-lo a qualquer outra pessoa. Quando ele tenta usar seu totem espiritual para se conectar com o policial branco mais jovem, é traído. Como esse encontro é um encontro homossocial/homoerótico simbólico, o filme sugere que os homens gays brancos são os culpados pelo genocídio que acomete os homens negros.

GS | Ele morre nas mãos do "progressista".

BH | Sim! O filme diz às pessoas negras ingênuas que não devem procurar se conectar com os progressistas brancos, pois apenas o mundo conservador pode oferecer a esperança da salvação. O subtexto homofóbico reforça a noção de que apenas um regime heteropatriarcal violento pode salvar a negritude.

Disseram que o filme é maravilhoso porque é realista. Mas é o oposto de um retrato realista da cultura negra. Mesmo quando falamos sobre essas zonas de guerra em que muitas comunidades negras se transformaram, são os anciãos dessas comunidades que de fato tecem qualquer possível trama de estabilidade. Obviamente, no mundo negro de Haggis — uma construção de negritude feita por um homem branco não esclarecido — não há anciãos negros. Homens brancos que fazem filmes em Hollywood nunca se interessaram por nossos anciãos negros.

Pense na ideia de negritude que captura a imaginação pornográfica branca. Nesse filme, é a imaginação acerca do jovem fanfarrão negro, o negro sexualizado. O personagem de Don Cheadle oferece aos espectadores mais uma versão de um *sweet sweetback*,[22] um mundo perverso de predação sexual. Ele é o homem hipersexualizado que vê as mulheres como virgens ou prostitutas. Tem uma mãe idealizada que se autodestrói, mas se sente atado a ela. Não pode destruí-la porque ela já está destruída pelas circunstâncias de seu vício. Degrada as outras mulheres em sua vida. Mais uma vez, temos o homem negro representado como o misógino mais severo e brutal.

Quando as pessoas falam sobre *Crash*, não questionam a representação branca de homens negros feita de maneira tão violadora e violenta. Aceitam essas imagens como um retrato preciso de quem são os homens negros.

GS | Como James Baldwin diz: "O artista negro ainda está em luta contra a imagem que o homem branco criou do negro, à qual o homem branco se apega para não ser forçado a revisar a imagem de si mesmo".

BH | Raiva e desprezo são as emoções que todos os personagens negros de *Crash* compartilham, independentemente da classe. Esse desprezo desumanizante é glamorizado pelos cineastas. Geralmente, quando escrevo um ensaio crítico sobre um filme, eu o assisto de dez a vinte vezes. Escolhi não escrever um ensaio sobre *Crash* porque as imagens de pessoas negras são tão negativas, tão degradantes que eu não queria essas imagens na minha cabeça. Não queria que habitassem minha mente.

---

22. *Sweet Sweetback's Baadasssss Song* [A canção fodona do doce Sweetback] (1971) é um filme estadunidense independente, dirigido, produzido, escrito e estrelado por Melvin Van Peebles, que acompanha um gigolô negro em fuga da polícia. À época, a produção recebeu críticas pela representação hipersexualizada do homem negro. [N.T.]

Não há nada radical ou intervencionista nessas representações. Como afirmado anteriormente, são as mesmas velhas imagens estereotipadas de negritude oferecidas pela imaginação pornográfica branca racializada. *Crash* tem os mesmos elementos melodramáticos clichês de ... *E o Vento Levou* e a produção de Douglas Sirk, *Imitação da Vida*. Podemos retornar até *O Nascimento de uma Nação* para ver esse tipo de construção do negro furioso e incontrolável, do animal preto no cio. Somente os homens brancos são capazes de transcender sua raiva. Eles são reinscritos como o arquétipo da mente civilizada. O filme diz aos espectadores que homens brancos podem ser fascistas, mas são capazes de ir além de construções estreitas de identidade para salvar outras pessoas.

GS | É como se o racismo e a supremacia branca fossem naturais e, portanto, qualquer tentativa de desmantelá-los é ineficaz. Logo, devemos usar a tolerância. No entanto, como o professor de jornalismo Robert Jensen e o produtor de documentários Robert Wosnitzer escreveram na revista *Znet*, *Crash* promove um "falso humanismo e uma mensagem simplista de tolerância [que] desvia a atenção de um sistema supremacista branco e minimiza a responsabilidade branca na manutenção desse sistema".

BH | Infelizmente, *Crash* é um filme que as pessoas estão usando para engajar-se em um discurso público sobre raça. À primeira vista, ele parece transgressor ao falar abertamente sobre raça e racismo, mas, no fim das contas, reitera um discurso conservador que o público costuma ouvir da direita conservadora. A mensagem é de que o racismo não é real — o preconceito é real e todos têm esses sentimentos, ou é natural que pessoas que diferem em raça ou nacionalidade estejam em conflito. Todas essas mensagens conservadoras são reinscritas no filme.

Crash é interessante para muitos espectadores porque raramente temos narrativas racializadas nas quais existem todos os tipos de pessoas de cor. Em um mercado capitalista de consumo que está disposto a explorar questões de raça e identidade, *Crash* tem algo para todos. Traz o Oriente Médio, traz culturas hispânicas e asiáticas. Assim como o slogan "todas as cores do mundo" dos anúncios da Benetton, o filme explora a noção de diversidade. No entanto, a mensagem é de que somos o mundo conservador e, como todos temos visões patriarcais supremacistas brancas capitalistas imperialistas, não pode haver responsabilização. Se todos são racistas, quem pode ser responsabilizado por racismo?

Observem que, nesse mundo cinematográfico de representações diversas, a imagem do homem latino calmo e obediente contrasta com a do negro ofensivo, desdenhoso e malvado. Aqui, temos a figura desumanizada idealizada do homem hispânico como mais calmo e gentil, incorporando uma visão supremacista branca do cidadão "de cor" perfeito.

Esse filme também fala sobre cidadania. Ele lida com a questão de quem é o verdadeiro estadunidense. E usa o corpo do homem hispânico para dizer que o tipo de pessoa de cor aceita como cidadão pela cultura popular é alguém que, não importa quanto seja abusado, dará a outra face. Mesmo quando se trata do possível assassinato de sua filha, ele não expressa raiva — não revida. Em *Crash*, existe essa hiperfixação na raiva negra que é praticamente pornográfica, e, ao mesmo tempo, o filme diz que nada produtivo pode sair dessa raiva negra.

O cidadão ideal é, de fato, o que dá a outra face, não critica, não discorda nem transgride de modo algum. Esses homens de cor que resistem nunca poderão ser cidadãos. Consideremos a hostilidade que o nacionalismo supremacista branco direcionou às pessoas falantes de espanhol quando elas disseram que podiam ao mesmo tempo estar neste país e se identificar com sua terra natal. O filme silencia esse discurso e o substitui por um discurso passivo de que todos os latinos devem ser cidadãos trabalhadores. A voz latina diz: queremos ser seus escravos e servos. A mensagem do homem latino mostra que ele só quer fazer seu trabalho e voltar para sua família.

GS | Isso é reforçado repetidamente em *Crash* por meio do estereótipo de Miss Anne (interpretada por Sandra Bullock), a esposa de classe média alta de um promotor público. Ela faz comentários racistas sobre todas as pessoas de cor do filme e, de repente, vive uma pseudorredenção como uma de suas últimas ações. Depois de cair da escada, ela abraça a empregada latina e diz: "Você é minha melhor amiga". Não há nem um pingo de desgosto ou descontentamento na face da empregada latina, reafirmando assim, mais uma vez, o tipo de caráter esperado da minoria modelo. Simplesmente sofra abusos, porque a mulher branca racista se tornará a ditadora benevolente *à la* Miss Anne e te abraçará no final.

A representação do homem asiático reproduz o estereótipo do mafioso pronto para escravizar outros asiáticos, acompanhado da esposa *dragon lady*[23] pronta para defender seus interesses.

---

23. "Dama dragão", em tradução literal, é um estereótipo de mulher sedutora, poderosa, traiçoeira e misteriosa associado a mulheres asiáticas. [N.T.]

E o persa dono de uma loja, identificado erroneamente como "árabe", recebe o estereótipo comum de terrorista pronto para matar outras pessoas de cor. Isso é encenado de forma ridícula quando ele espera do lado de fora da casa do personagem latino "satisfeito", enquanto vê a filha pequena de sua vítima chegar da escola, sendo recebida no bairro idílico pela mãe amorosa, cujas falas no filme são basicamente gritos. A câmera mostra isso em um plano médio do personagem persa que assiste à cena idílica com a arma a tiracolo, enquanto pacientemente espera para matar o pai dessa versão latina e da classe trabalhadora de uma "família de comercial de margarina". Essas representações apoiam as recentes políticas imigratórias fascistas dos Estados Unidos. Tais noções desgastam a solidariedade entre populações imigrantes e cidadãos de cor.

BH | No geral, o filme tem uma mensagem extraordinariamente conservadora sobre raça, e ainda mais conservadora sobre classe e gênero. Em todas as situações da narrativa as mulheres são subordinadas. É como se o movimento feminista nunca tivesse existido. A troca misógina de corpos das mulheres é semelhante ao que Gayle Rubin descreve em seu inovador ensaio "O tráfico de mulheres". *Crash* começa focalizando a sexualidade e o gênero. Aqui há uma amostra da fantasia sobre a classe alta: de que é a classe alta que tem uma sexualidade bizarra, de que o homem negro pseudorrico (embora o filme nunca deixe explícito quão rico ele é) é o "estuprador" simbólico da esposa, que deseja que ela chupe seu pau dentro do carro.

Esse cenário lembra o espetáculo real do ator Hugh Grant, quando flagrado com uma linda prostituta negra chupando seu pau. Essa não é uma imagem nova da feminilidade negra.

É a mesma velha imagem racializada e sexualizada. A pitada de novidade é a mensagem de que, independentemente da classe da mulher negra, se você examinar bem, ela ainda é uma puta. Ela será essa figura vulgar e nojenta. Quando o personagem de Don Cheadle mostra desprezo pela linda mulher latina que está usando sexualmente, ela é passiva. Ela não fala com ele com ódio nem o menospreza. Quando ela procura se conectar com a mãe dele, é ridicularizada. Ele ridiculariza qualquer ideia de solidariedade entre mulheres. As mulheres, aos seus olhos, são meramente concorrentes entre si. Mulheres latinas, brancas e negras lutam pela atenção masculina nessa hierarquia patriarcal.

GS | De fato, o filme tem início com a linguagem dos estereótipos raciais sendo jogada entre as mulheres latinas e as personagens coreanas que ridicularizam o sotaque umas das outras e disparam os estereótipos racistas que todos aprendemos com a supremacia branca. Por fim, o filme termina com Shaniqua expressando noções de estereótipos raciais semelhantes àquilo que Ryan havia dito a ela: "O que diabos há de errado com vocês... Não fale comigo a menos que você fale americano". No entanto, esses incidentes nunca são enquadrados dentro de sua origem no patriarcado supremacista branco capitalista. Eles estão posicionados na narrativa para apoiar a ideia de que o preconceito e o racismo são inatos em todos nós, parte do discurso cotidiano, e surgem naturalmente em certos contextos.

Até mesmo a figura da política negra interpretada por Nona Gaye, a Condoleezza Rice simbólica do filme, compete com outras mulheres. Ela é a sombra passiva da esposa branca do promotor público.

BH | É esse pacto silencioso entre o promotor público branco e a personagem negra de Nona Gaye que contrastamos com a figura histórica das mulheres brancas, Miss Anne, esposa do promotor público. No entanto, é a aliança pública entre o poder masculino branco e seus subordinados que permite que os espectadores saibam onde está o poder real na cena política: lealdade compartilhada para fazer o que for necessário para manter o poder.

GS | A relação entre poder e raça é retratada de forma honesta no filme *Marcas da Violência*, de David Cronenberg: a doce família branca de classe média descobre que o pai gentil era um tipo de matador de aluguel; há, então, uma breve pausa e depois um pacto silencioso para manter segredo sobre seu passado onipresente. Ele se junta à família na proverbial mesa de jantar, e todos, com cabelos loiros e obediência silenciosa, partilham juntos o pão, comendo a comida insossa.

BH | *Marcas da Violência* é um filme notável, que expõe brilhantemente como o patriarcado, essa cultura dominadora, precisa da violência para se sustentar. Como família, todos concordam em manter o silêncio sobre seu apoio compartilhado ao uso da violência para manter o controle. A mulher negra, "esposa sombra" que fica ao lado de seu homem branco e da família dele, imita a adoração de Condoleezza Rice por Bush e a lealdade a seu regime imperialista de poder branco. Qualquer mulher negra que repudie essa aliança profana não pode sobreviver. Representada como cúmplice voluntária da própria degradação, ela não pode ter nenhuma sexualidade redentora.

GS | Em *Crash*, Haggis nos oferece um vislumbre desse relacionamento sexual pseudossecreto entre os dois. Mas, obviamente, a personagem de Nona Gaye nunca consegue viver isso; em cena, ela fica em segundo plano, com poucas falas ou close-ups. Na maioria das vezes, ela é simbolicamente apresentada em tomadas longas nos corredores dourados de prédios federais ou com um olhar pouco expressivo em planos médios, sobretudo quando é explicitamente dispensada sempre que decisões estão prestes a ser tomadas. As luzes se apagam para ela, e ela desaparece.

BH | Como uma metáfora sexualizada, a escolha da iluminação a torna um objeto de desejo, de modo análogo à imagem da personagem de Thandiwe Newton chupando o marido. As mulheres do filme estão todas sujeitas a submissão e ressubordinação.

GS | Para contrastar as reações do marido negro de classe média e do promotor público branco, ainda vemos mais cuidado e preocupação com a esposa vindos do promotor. Depois de ter sido violada e, na sequência, ter discutido com o marido, a personagem de Newton vai ao trabalho dele para fazer as pazes, e o personagem de Terrence Howard a manda para casa e faz um gesto para que cale a boca quando não quer ouvir sua voz.

BH | O desprezo brutal e a rejeição da esposa pelo homem negro contrastam com o homem branco carinhoso que a segura nos braços. A mensagem que os telespectadores recebem é que, por mais brutais que os homens de autoridade sejam aos olhos do público, eles mantêm um lado terno e carinhoso. Por outro lado, os homens negros são animais. Na verdade, se os homens negros de alguma forma se organizassem nesta nação, estariam dizendo que não são como *Crash* os retrata.

Lembremos que o filme de Cronenberg, *Marcas da Violência*, é uma incrível desconstrução da branquitude e desumanização do corpo branco sexualizado. O filme de Haggis é um clone superficial dessa imagem. A narrativa da sexualidade em *Crash* é persistentemente racializada. Ao focar a raça, as pessoas evitam olhar para os momentos cruéis da sexualidade pornográfica patriarcal no filme, em que as mulheres são ressubjugadas continuamente. A guerra misógina de gênero é encenada no corpo de mulheres de cor. As mulheres brancas são protegidas e estão seguras. Adiciona-se a tudo isso a homofobia, evocada pelo grosseiro vínculo racial entre dois jovens: o jovem policial branco progressista Hansen e o jovem negro interpretado por Larenz Tate. Hansen é retratado como alguém conduzido pelo desejo e pelo medo. Ele vai atrás do jovem negro em uma cena de pegação simbólica, mas seu medo o leva a matar a negritude que deseja. Essa construção homofóbica do gay branco simbólico como assassino, como monstro, sublinha uma das mensagens conservadoras de *Crash*: não pense que pode confiar em uma pessoa branca progressista. Elas serão as primeiras a destruir as pessoas negras. Confie nos fascistas brancos, eles vão salvá-lo e passarão por cima de seu ódio e desprezo para serem heroicos.

GS | Então, mais uma vez, *Crash* cai no modo clássico de Hollywood, só que dessa vez a pessoa negra não morre nos primeiros cinco minutos do filme, mas nos últimos cinco minutos, mais ou menos. Pode ter certeza, porém, que encontramos esse tipo de marcação narrativa em qualquer filme hollywoodiano com personagens negras.

BH | É claro que não há nada na história da branquitude fascista que sugira que a branquitude alguma vez se esqueça de si mesma e renuncie a seu poder para resgatar a negritude colonizada. É por isso que o filme é tão profundamente desonesto.

Em *Crash*, o corpo de pessoas negras é explorado pelo poder branco. É só mais da cultura colonial. O fato de o filme ser usado como veículo para uma discussão provocativa sobre raça é irônico, uma vez que é realmente a sexualidade que tanto cativa o público e o jogo de conflitos entre corpos brancos e negros. Os ingredientes que fazem com que Hollywood seja Hollywood — sexo, violência, violação e ação — estão todos presentes em *Crash*. Uma das razões para que o público não queira ver *Quatro Meninas*, de Spike Lee, como veículo para engajar o discurso público sobre raça é porque esse filme não oferece retratos sentimentalizados do poder branco; pelo contrário, no filme de Lee esse poder é mostrado como prejudicial a todos. *Quatro Meninas* mostra que existe um sistema de dominação mantido por certas hierarquias de poder. Esse sistema fere todo mundo. *Quatro Meninas* é um filme tão convincente porque nele podemos ver como a supremacia branca, a exploração e a opressão racistas prejudicam a todos. As pessoas negras no filme têm integridade e amor, não demonstram desprezo por nosso inimigo. Não vemos isso em *Crash* porque todos são vistos como agentes da dor. Há pessoas inocentes em *Quatro Meninas*. As garotinhas são inocentes. As famílias que nunca se recuperaram não são culpadas por esse massacre racista. Nenhum filme expôs o estresse pós-traumático causado pelo racismo como o documentário de Lee. É trágico que as pessoas não assistam a um bom filme como *Quatro Meninas*, que é um exame realista não sentimental da questão racial e do racismo no nosso país. Embora *Crash* seja um filme de ficção, é filmado como se fosse um documentário. Esse formato faz parte de seu apelo sedutor.

Mas Haggis não é um cineasta excelente. Ele se apropria de cenas dos filmes *Pulp Fiction*, *Faça a Coisa Certa*, *Short Cuts: Cenas da Vida*, de Robert Altman, e de outros com narrativas múltiplas. Os sujeitos no restaurante poderiam ser um plágio completo do momento de Spike Lee em *Faça a Coisa Certa*. Talvez seja por isso que o filme tem tal apelo. Teve muita influência de outros filmes; trata-se de uma narrativa clichê e, infelizmente, demasiado familiar.

Ao contrário de *Quatro Meninas*, que compartilha o poderoso conceito de que todos somos afetados pelo racismo, *Crash* sugere que o racismo é "natural" — que todos são racistas. Desse modo, nega a realidade do racismo. Já que todo mundo é capaz de ser preconceituoso, ninguém tem o poder de explorar e oprimir os outros. Em vez de nos oferecer uma mensagem que poderia trazer uma compreensão mais profunda, o filme nos mantém presos em um atoleiro racista — os únicos que escapam são os heróis brancos. O poder branco prevalece em *Crash*.

09.
pornografia da violência: um diálogo sobre *Preciosa*

bell hooks e a cineasta Gilda L. Sheppard

Escrever ensaios críticos sobre cinema já foi vital para minha atividade de crítica cultural porque observei que, ao assistir a filmes, indivíduos de todas as raças, classes e gêneros podem desenvolver o pensamento crítico. Quando as pessoas viam um filme, especialmente um que estimulasse sua imaginação, eu as percebia ansiosas para conversar sobre o assunto, para compartilhar o que haviam e o que não haviam gostado. Como pensadora feminista, eu me interessava sobretudo por abordar questões de gênero. Fundamentalmente, eu sabia que os filmes não nos mostram apenas a cultura em que vivemos mas também criam a cultura. E era para esse aspecto que eu queria chamar atenção: o que os filmes estavam criando quando enfocavam questões de raça, classe e gênero.

Naqueles dias arrebatadores, eu em geral escrevia sobre um filme se ele excitasse minha imaginação, se mexesse com minhas emoções. Um dos ensaios mais envolventes que escrevi sobre um filme foi a respeito de *Pulp Fiction: Tempo de Violência*, de Quentin Tarantino. Eu morava em Nova York, e o inverno estava rigoroso. Assistir ao filme foi como receber uma transfusão de sangue. Eu podia sentir a intensidade da minha resposta em todas as partes rígidas do meu ser e do meu corpo. Chegando em casa, depois de subir as escadas até o quinto andar, em West Village, eu estava ansiosa para registrar meus pensamentos sobre ele. Dizer que estava superestimulada seria pouco. Quando cheguei ao último andar, descobri que o aquecedor havia desligado mais uma vez (só em Nova York!) e o apartamento estava congelante. Não habituada a trabalhar no computador, sentei na cadeira vermelha e tentei escrever sem tirar o chapéu, o casaco e muito menos as luvas. Estava realmente desesperada para liberar todas as paixões que o filme provocara em mim. Por fim, tive que tirar as luvas e trabalhar no computador, com as mãos frias e duras. Fiquei ali sentada escrevendo por horas, até que tudo o que o filme havia estimulado dentro de mim tivesse sido liberado, posto para fora. E lá estava tudo pronto, só faltava encontrar alguém para ler o que eu havia escrito.

Poucos filmes me despertaram tanta paixão. O trabalho de Spike Lee sem dúvida me empolga. E o fato de que escrevo fortes críticas a seus filmes muitas vezes faz os leitores pensarem que não gosto do que ele faz. Seu *Quatro Meninas* é um excelente trabalho, que me comoveu de corpo e alma. Todo cidadão deste país deveria vê-lo. Para mim, a crítica perspicaz existe em um mundo que vai além de gostar ou não gostar; é sempre uma resposta apaixonada, positiva ou negativa. É raro ver um filme em que nada se salva. Os leitores têm respondido positivamente ao meu trabalho sobre cinema. De todos os meus textos, os ensaios sobre filmes são os mais reimpressos e ensinados. Parei de escrever sobre filmes porque chegou um ponto em que eu olhava para as obras pela perspectiva do pensamento feminista sobre raça, gênero e classe e, na maioria das vezes, não via nada que dissesse algo novo. A maioria dos filmes aos quais eu assistia era decepcionante.

A cineasta e crítica Gilda L. Sheppard, que ensina meu trabalho com tanta paixão quanto eu escrevo, me incentivou a escrever sobre o filme *Preciosa: Uma História de Esperança*. Eu não estava com muita vontade de escrever; o filme simplesmente não é convincente. Sejamos sinceras: *Preciosa* é apenas mais um em uma longa fila de filmes muito ruins. No entanto, Gilda me convenceu a conversar com ela sobre o filme. Aqui estão os retalhos da nossa conversa.

BELL HOOKS | Estamos vivendo no passado — vivendo e reproduzindo o que chamo de cultura colonial. Não é um fenômeno novo. A cultura colonial é o que acontece quando uma força colonizadora assume o controle, encontra aspectos da cultura que eles — os colonizadores — estão destruindo ativamente e decidem: "Vamos manter esses 'artefatos' e trazê-los de volta para vender para o povo de quem eles foram originalmente roubados", revendendo-os de forma cruel, ilegítima e até podre. Pensemos nos alimentos. Os africanos escravizados que trabalhavam na agricultura cultivavam todos esses maravilhosos vegetais orgânicos, mas o que os senhores lhes davam para comer eram coisas podres — os restos. Ironicamente, hoje as pessoas negras com privilégio de classe podem produzir os restos e vendê-los de volta para nós; se assim escolhermos, também podemos ser colonizadores. *Preciosa* exemplifica essa cultura colonial — seus criadores e comerciantes são pessoas negras.

O filme me lembrou do marketing histórico da Vênus Hotentote,[24] no qual o corpo de uma mulher negra que não se

---

24. Saartjie Baartman, que ficou conhecida como a "Vênus Hotentote", foi uma mulher do povo khoikhoi, da África do Sul, levada para a Inglaterra

enquadrava na norma era exibido para o olhar pornográfico e lascivo de pessoas brancas. O filme, porém, é vendido como se tivesse relevância social; é dito ao público que confrontará os espectadores com a tragédia do incesto, que devem se preparar antes de assistir. Como a bula de um veneno: prepare-se antes de tomá-lo. No filme vemos basicamente uma adolescente negra, de pele bem escura e obesa, que, de acordo com a estética da supremacia branca, não é apenas feia, é monstruosa. Existem muitas jovens negras bonitas que são obesas, mas essa jovem foi escolhida porque poderia ser vista como o completo oposto da beleza. Na tradição dos contos de fada, ela é a fera. O povo negro esteve em exibição (leilão de escravizados) em gaiolas ao longo de nossa história. E especialmente os corpos de mulheres negras de pele escura, por encarnarem aquilo que é mais odiado na cultura supremacista branca.

GILDA SHEPPARD | Os assuntos constantemente repetidos nesse filme são obesidade, incesto, violência doméstica, a vida em uma comunidade infestada de crack, abuso doméstico físico e sexual contra crianças. Toda a comunidade em que Preciosa vive — os vizinhos nos prédios de apartamentos —, todos são mães e filhos desprovidos de amor ou de resistência, apenas cumprem a perpetuação da criminalidade como se não houvesse movimento por transformação social nos bairros pobres. Não é de admirar que a justiça seja praticada como punição. Esses são criminosos intergeracionais desprovidos de qualidades redentoras.

em 1810 por um médico para ser exibida em espetáculos. [N.E.]

BH | Uma vez que a mídia nos diz constantemente que a pobreza é feia e monstruosa, como pode haver qualidades redentoras?

GS | Em seu trabalho *Yo' Mama's Disfunktional!* [Sua mãe é disfunkcional!], o historiador negro Robin Kelley nos lembra que, quando se trata de pessoas negras pobres, "nossa disfuncionalidade fascina; é atraente". Esse fascínio atraiu a ex-primeira-dama Barbara Bush o suficiente para que ela organizasse uma exibição especial de *Preciosa* para os amigos. Explicando suas ações, Bush apontou:

> Acho que o filme estereotipou Preciosa como negra. O que acontece com ela poderia ter acontecido a qualquer pessoa, em qualquer lugar dos Estados Unidos. É triste dizer que crianças são violentadas. Poderia ser uma pessoa branca, parda, amarela, de qualquer cor — qualquer cor. E eu odeio isso porque não é apenas com os negros, é com todas as pessoas... É um problema estadunidense.

BH | No entanto, Bush não organizou exibições de filmes que tratassem da questão do abuso infantil em todas as suas manifestações. E, como muitos estadunidenses, ela aparentemente não consegue entender o fato de que o incesto não é uma questão de pobreza, mas que atinge todas as classes e raças. Ainda assim, ela relaciona esse "problema estadunidense" às pessoas negras.

GS | Vejamos como os Estados Unidos lidam com os problemas. O país tem a maior população carcerária do mundo, e, como escreve a pesquisadora jurídica Michelle Alexander, hoje o número de afro-estadunidenses na prisão, em liberdade provisória ou condicional é maior do que o contingente de escravizados em 1859. Mulheres compõem quase 7% da população carcerária dos Estados Unidos. No entanto, não há nenhuma tentativa jurídica de punir a mãe e o pai de Preciosa por todos os abusos que ela sofre, incluindo o incesto... Lembro do comentário de James Baldwin sobre a destruição da vida negra: "Eles [...] não sabem e não querem saber. É a inocência que constitui o crime". Essa é a narrativa principal do filme, intencional ou não. Como todo o resto na nossa sociedade, o filme retrata uma injustiça brutal ao mesmo tempo que é conivente. Você afirma isso no livro *Reel to Real* [Cinema vivido] quando argumenta: "Gostemos ou não, o cinema tem um papel pedagógico na vida de muitas pessoas. Mesmo que um cineasta não tenha a intenção de ensinar algo ao público, não significa que lições não sejam aprendidas". Certamente, houve algo que obrigou a mim e aos meus alunos a assistir ao filme. Uma menina de dezessete anos sentiu que foi "forçada a olhar".

BH | E o que muitas pessoas se sentiram forçadas a olhar era, na mente delas, o epítome da feiura, expresso tanto pelo corpo monstruoso de Preciosa quanto pela feiura monstruosa do abuso que a afligia. Eu não sou uma das que acreditam que as pessoas negras deveriam esconder os aspectos desumanos de nossa vida. Sabemos que o incesto acontece todos os dias nas comunidades negras, assim como em todas as comunidades dos Estados Unidos. E se trata de abuso mesmo quando a vítima é bonita e privilegiada. Não é menos doloroso, nem menos desumanizante, nem menos trágico. A história de Preciosa é de fato uma história de terror — um mundo de incansáveis abusos cotidianos e terrorismo íntimo. Embora se apresente como uma narrativa autobiográfica confessional, enfatizo, nos meus escritos sobre confissão, que não basta contar nossa história. Contar uma história pessoal em si e por si só não é profundo; o que importa é o que fazemos com essa história. E *Preciosa* não tem história além da tragédia do incesto. O filme tampouco abre espaço para contar essa história. Sua história é um pequeno conto secreto de vício em fantasia. Não chegamos a conhecer nada profundo sobre Preciosa; ela é a vítima silenciosa. A pessoa no filme que tem uma história e a conta de uma maneira que leva o público a sentir empatia por sua dor é a mãe. Ela nunca fica em silêncio. E sua história é de abuso e abandono. Quando ela confronta a assistente social e fala da falta de amor em sua vida, exigindo saber "quem vai me amar", sua dor torna-se visível. Preciosa nunca se envolve em atos de autorreflexão existencial. Ela não pode articular seu trauma. A mãe realmente oferece uma história de trauma, que ainda está se desenrolando, transmitida de forma geracional. Portanto, o filme levanta a questão: "Quem amará o corpo negro?"; e nos dá a resposta: "Ninguém". E, no lugar de autoestima e amor saudáveis, pessoas negras receberão fantasia. E, surpresa: quase toda fantasia que Preciosa revela é sobre branquitude, sobre desejar ser branca. Embora o filme seja supostamente uma versão cinematográfica do livro *Preciosa*,[25] todas as personagens brancas que aparecem no filme são as de qualquer fantasia. Portanto, o filme oferece uma pedagogia do auto-ódio dizendo repetidamente aos espectadores que as pessoas negras adoram a branquitude, que, se

---

25. O livro foi publicado originalmente nos Estados Unidos com o título de *Push*. No Brasil, recebeu o mesmo título que o filme ao qual serviu de inspiração. [N.E.]

pudéssemos ser brancos, ter a beleza da branquitude, seríamos salvos, não seríamos vítimas de traumas abusivos. Tais fantasias são desumanizantes, pois negam a realidade do abuso na vida de pessoas reais, negras e brancas, independentemente da classe. O filme se prende tanto à adoração da branquitude que chega a ser assustador. Ironicamente, o tesouro libertador que torna possível o sucesso no mundo da civilização ocidental e é valorizado no romance de Sapphire é a educação, especificamente a alfabetização. Mas a alfabetização nunca é tema das fantasias de Preciosa na versão cinematográfica. Ela não sonha em ser professora. Sua fantasia é ser uma celebridade, adorada pela multidão. Uma celebridade a quem oferecemos amor. A alfabetização e a luta para ser de fato alfabetizada não são questões no filme. Como o incesto, é uma história contada em segundo plano. A narrativa que está no centro do filme é o culto à branquitude. E é esse culto que viola e agride Preciosa e todas as crianças negras como ela.

GS | Outro componente dessa fantasia é o louvor ao capitalismo. É claro que essa fantasia se expressa como "o sonho americano", tanto de maneiras sutis quanto explícitas, e também como um culto à branquitude nos moldes do *blackface*, quase como em um espetáculo de menestréis, mas mascarado pela noção de libertação e redenção. Lembro que você escreveu sobre o trabalho de Stan Brakhage e o citou quando ele afirma: "Toda essa cópia servil da condição humana se assemelha a um pássaro cantando em frente ao espelho. [...] O cinema precisa se livrar de quaisquer imitações, e a imitação da vida é a mais perigosa delas".

BH | Repetidamente enfatizo em meus trabalhos e práticas artísticas que "a arte não existe simplesmente para espelhar a realidade". Se fosse esse o caso, não haveria necessidade de arte. No entanto, quando levantei questões críticas sobre *Preciosa* falando a públicos negros, disseram que o filme era "nu e cru", que "mandava a real". Na verdade, não é real — a narrativa do filme é uma interpretação de uma fantasia projetada em pessoas negras reais. *Preciosa* é um romance. A autora afirmou em entrevistas que construiu a personagem Preciosa com base em um amálgama de estudantes negros que conheceu trabalhando como professora substituta. No entanto, a personagem Preciosa é apresentada no filme como um exemplo do destino de qualquer criança negra em uma comunidade negra pobre. Em seu importante trabalho *Killing the Black Body* [Matando o corpo negro], Dorothy Roberts explica que, no patriarcado supremacista branco capitalista imperialista, uma das formas de atacar as famílias negras pobres é a insistência de que pessoas negras pobres estão sempre em risco de desumanização, e de que as crianças se sairiam melhor se fossem afastadas do convívio com suas famílias. Roberts também enfatiza que, em muitos casos, os brancos que querem crianças negras são os que promovem a ideia de que todas as famílias negras pobres e de classes sociais inferiores são inaptas. Um aspecto do filme *Preciosa* particularmente irritante é a construção da avó como uma pessoa que aceita de maneira passiva que a neta seja cruelmente abusada. Quando a mãe não está espancando ou humilhando Preciosa, o que a avó faz é torná-la invisível — a objetificação máxima. No entanto, as pessoas dizem que isso é "real". A grande verdade é que as avós negras fazem o trabalho de criação funcional em famílias negras de todas as classes. Contudo, elas também são retratadas como feias e monstruosas nesse filme, cúmplices da desumanização de Preciosa. E, apesar de tudo, a mensagem passada aos espectadores é de que devemos simpatizar com a dor dela — mas as cenas do filme não provocam empatia nem reflexão crítica sobre sua difícil situação. Em vez disso, o público é exposto a flashbacks dela sendo estuprada pelo pai. O pai é ausente. Ele não tem voz, nem nome, nem identidade. Ele é simplesmente descrito como um macho bonito, que é também um predador sexual violento. Essas cenas são uma reminiscência das cenas de sexo no filme *Sweet Sweetback's Baadasssss Song*. O público é estimulado e entretido pela violência que vê perpetuada pela mãe e pelo pai. Infelizmente, o abuso horrível que vemos no filme não reflete a violência predatória cotidiana infligida pelos adultos às crianças. Com muita frequência, elas são abusadas por pessoas que conhecem, que são carinhosas com elas. Toni Morrison explorou isso em seu primeiro romance, *O olho mais azul*. Como afirmei quando iniciamos esta conversa, muitas pessoas queriam que eu escrevesse sobre o filme *Preciosa*, mas mais interessante do que esse filme extremamente ruim é a necessidade emocional do público em nossa cultura que deseja consumir essa porcaria sentimental e agir como se fosse jornalismo investigativo documental que se anuncia com manchetes como "hoje o foco é o incesto nas comunidades negras". E, no entanto, não há uma abordagem significativa do incesto. Até mesmo quando Preciosa recebe cuidados dos professores e da assistente social, ninguém aborda diretamente o abuso sexual e como ela pode se curar. De fato, o melhor que o filme pode fazer é sugerir que aprender a ler é um substituto viável para a terapia que poderia ajudar a pessoa a ter a coragem de se curar. A simples apresentação do abuso violento não é libertadora. Se a vida é realmente tão feia e horrível como o filme sugere, se é uma merda horrorosa, então não precisamos de arte para nos dar mais merda. A arte deve e pode ser o lugar que nos oferece uma alternativa, uma visão libertadora. O livro *Preciosa* é uma narrativa melodramática muito curta que não contém o mundo glamoroso e embelezado da fantasia retratado no filme. O romance oferece uma visão da alfabetização conectada à reflexão crítica como um local de redenção e esperança. O filme aborda a educação como prática de liberdade como uma narrativa subjacente, mas essa questão é central no livro.

GS | Sim, é nessas cenas na sala de aula da escola "alternativa" Each One Teach One [Cada um ensina o outro][26] que somos forçados a olhar para Preciosa e possivelmente confrontar os motivos pelos quais a vemos como feia, raivosa e burra e congelar esse quadro não como um estereótipo de Hollywood, mas como políticas de nossas relações de olhar. Consideramos a maneira como as diversas jovens se apresentam, compartilhando detalhes de sua vida: nós as vemos no ato de criar uma comunidade de aprendizagem, passando da metáfora de "qual é a sua cor favorita" para "o que você é boa em fazer". Nesse esforço para criar uma comunidade de aprendizagem, apesar das diferenças, há um senso de agência e imaginação de possibilidades — como diz Toni Morrison em "The Site of Memory"

26. Provérbio negro estadunidense cuja origem remete ao período de escravidão, quando a alfabetização de escravizados era ou negada, ou proibida. Quando uma pessoa escravizada aprendia a ler, tornava-se seu dever ensinar outra pessoa escravizada. [N.T.]

[O lugar da memória], imaginar como parte do "trabalho de se tornar". Essas cenas não são discutidas quando o filme é elogiado ou criticado. A sororidade é uma expressão e uma forma ativa de conexão no gueto. No entanto, o filme nunca ultrapassa a questão fácil para escrutinar as questões críticas mais profundas acerca do transtorno de estresse pós-traumático (TEPT), do incesto, do patriarcado, de ser mãe solteira jovem, da pobreza, do amor e do medo. Preciosa tenta fazer uma análise da economia política ao considerar suas opções de trabalho/bem-estar na escola. Ela vê a desigualdade, mas isso não serve como catalisador significativo para a transformação social individual. Depois dessa curta cena, o filme segue para um corte narrativo, sem usar essa oportunidade para relacionar teoria e prática, estimulando a consciência crítica e criando mudanças concretas. Em vez disso, recebemos a mensagem estampada em um cartão: "Está tudo bem, você pode conseguir!". Esse tom de sentir-se bem consigo mesma é estabelecido no início do filme, quando vemos ao fundo um estranho grafite que diz: "Tudo é um presente do universo". No entanto, no universo em que Preciosa vive, mensagens negativas transbordam, e a cara da sobrevivência é de raiva e ressentimento. Lembro do verso da canção de E-40: "I got a mirror in my pocket and I practice looking hard" [Ando com um espelho no bolso e pratico parecer durão]. O olhar de raiva está muito presente entre os jovens nas zonas urbanas dos Estados Unidos, e esse é o olhar que vemos no rosto de Preciosa na maior parte do filme, até que ela começa a frequentar a escola alternativa. Lá, finalmente, Preciosa encontra sua voz. Essas cenas não são comentadas porque não são melodramáticas; não têm o apelo dramático da violência. As cenas da sala de aula na escola "alternativa" demonstram a alfabetização como justiça social, como agência, como uma capacidade de cultivar o olhar opositor.

BH | Mas essas cenas são consumidas pelo melodrama, assim como Preciosa é consumida pela violência abusiva no filme. Nós nos deparamos com a imagem colonial de Preciosa cozinhando como uma evocação da "cultura colonial" que perdura. Os brancos ganham um filme como *Julie & Julia* (mais uma mulher tornando-se adulta na cidade), e as pessoas negras ganham Preciosa correndo com frango frito roubado e comendo joelho de porco com pelos; eles ganham amor, e nós ganhamos ataques cardíacos. Não é estranho que algumas pessoas envolvidas na produção e na promoção desse filme tenham sido vítimas de abuso verbal, físico e sexual quando eram crianças? Ser vítima de abuso não significa que se tenha uma compreensão clara do processo de cura. A maioria das pessoas é movida pelo sentimentalismo, como a própria Oprah. Não tenho dúvida de que ela se importa sinceramente com crianças negras abusadas. No entanto, isso não muda a realidade de que esse filme é uma produção capitalista que visa trazer muitos dólares e muita fama. Tyler Perry, Oprah e Lee Daniels só pensam no sucesso desse projeto gerador de dinheiro. Essa agenda é prioritária, em detrimento da criação de uma maior consciência cultural em relação ao trauma do incesto. Só porque alguém é negro e faz arte sobre negros não significa que sua arte seja sobre justiça e, portanto, exija dos espectadores a capacidade de olhar para as ramificações políticas de uma obra de arte. Temos pouquíssima arte produzida por qualquer pessoa, independentemente da cor, que discuta a justiça ou a democracia como temas centrais a qualquer ideia de liberdade e libertação. Não estou dizendo que devemos ser prescritivos e que a arte deve ser apenas sobre justiça. Em vez disso, estou argumentando que a arte pode ser esteticamente interessante e politicamente progressista. Há pouca arte hollywoodiana direcionada à conscientização e ao desenvolvimento de uma estética excelente. Obras de arte que fazem uso das convenções da cultura colonial (ou seja, os paradigmas patriarcais supremacistas brancos capitalistas imperialistas) reforçam o status quo. Muitas pessoas negras da classe trabalhadora que viram *Preciosa* pensaram que o filme estava cheio de violência estereotipada e exagerada para entreter. Foram principalmente as pessoas com privilégio de classe que o viram como um filme "incrível" sobre pobreza negra, incesto e outras perversões do gueto. Preciosa é abandonada pelo filme, assim como muitas pessoas pobres vítimas de violência irracional são abandonadas pela sociedade. A grande cena em que Preciosa é retratada caminhando em direção a uma vida nova e melhor não passa de uma grande mentira, de uma grande fantasia.

GS | É a pornografia da violência.

BH | Sim. Na vida real, estupros violentos incestuosos acontecem todos os dias. Crianças de todas as classes são violentadas todos os dias por pais e mães. O romance *Preciosa* sugeriu que poderíamos ajudar as crianças a se curarem de traumas por meio da alfabetização crítica, ao encontrarem uma voz. De fato, pensadoras feministas visionárias chamam atenção, de modo contínuo, para a importância de contar a própria história. No entanto, a Preciosa da versão cinematográfica nunca adquire uma voz, tampouco a capacidade de pensar criticamente. Preciosa e sua mãe não fazem terapia juntas. E o filme não oferece um futuro positivo significativo para as pessoas negras violentadas. Sem esperança, a grande mensagem do filme é que, coletivamente, pessoas pobres negras estão condenadas. E deixa implícito que as únicas pessoas negras capazes de sobreviver ao holocausto em curso, o genocídio perpetuado diariamente pela cultura colonial, são os trabalhadores domésticos contemporâneos do patriarcado supremacista branco capitalista imperialista. E é preocupante que os corpos de lésbicas sejam usados para transmitir a mensagem de privilégio de classe associado à pele clara e aos valores burgueses. De modo coerente com a ênfase do filme na fantasia, os espectadores são encorajados a ver esse mundo de violência hedonista como um mundo em que a homofobia não dita as regras. Toda e qualquer pessoa que seja de alguma maneira amável com Preciosa tem pele clara e cabelos lisos (de forma coerente com a adoração à branquitude que o filme exalta). As lésbicas negras são retratadas como liberais que fumam e bebem demais e só querem ajudar. Ainda assim, aos espectadores só resta se perguntar como elas podem ajudar quando sua vida parece ser marcada pela "disfunção" pessoal. Essa é a maneira usual de descrever a vida de gays no cinema — estereotipada e negativa. E, quando imagens negativas da homossexualidade são criadas por homossexuais, isso não as torna libertadoras. Ao mesmo tempo, o filme não convida os espectadores a ver mulheres gordas, e especificamente mulheres negras gordas, de uma nova maneira.

GS | E Gabourey Sidibe, a atriz que interpreta o papel de Preciosa, escolhida por sua pele escura e seu corpo grande, provavelmente desempenhará apenas papéis em que seu corpo grande seja parte da narrativa.

BH | Em última instância, o que fez do filme *Preciosa* uma atração imperdível para muitos espectadores foi a própria pornografia da violência que o marketing do filme insinuou que seria explorada de forma crítica. Os espectadores são postos na posição de voyeurs, vendo em primeira mão a vida horrível de negros pobres em um gueto periférico. E foi uma revelação crua fictícia — sem expor verdades reais, sem saída real para as pessoas negras que estão sendo escravizadas nessa plantation. Essa é a difícil mensagem do filme; é tudo desespero porque não há saída. Conforte sua angústia com fantasia, porque nada vai mudar, nada fará diferença.

10.
uma comunidade de cuidados

Quando escrevo sobre o meu passado no Kentucky, costumo falar pouco sobre Rosa Bell (minha mãe) e Veodis (meu pai), embora a presença deles naquela região também me atraia de volta para casa. Simplificando: eles estão envelhecendo, aproximando-se da morte, e eu queria passar um tempo com eles durante esse processo de derrocada. Meu pai compara o período da vida em que se começa a envelhecer ao momento em que não estamos mais subindo a montanha. "Gloria", ele me dirá: "Eu nunca mais vou subir a montanha, estou descendo a montanha. Estou voltando para casa". Sua metáfora me surpreende, porque tanto Rosa quanto Veodis queriam se afastar das montanhas e colinas, se afastar da vida rural em que haviam nascido e procurar o moderno e o novo. Sem lavoura, sem trabalho árduo na terra. Os dois queriam a vida na cidade. E, como uma criança do campo, discordo deles desde meu nascimento. Mamãe, às vezes de brincadeira, às vezes com raiva, protestava contra nossas muitas diferenças, exclamando: "Eu não sei de onde eu tirei você, mas com certeza eu gostaria de poder te devolver!". E, ah, como eu queria voltar, ir morar com meus avós, com quem eu sentia maior consonância de espírito. Mamãe e papai não permitiam isso.

Eles queriam que eu me tornasse uma garota da cidade, e, de todos os seus filhos, queriam que eu fosse aquela que não seria "caipira", "do interior". No entanto, de muitas maneiras, sou tão do interior quanto possível, mais parecida com meus avós do que com meus pais. Até falo a língua dos meus avós, o dialeto popular negro do Kentucky, mas também falo a língua da cidade, uma língua que é neutra, que não se importa com região nem com lugar. Me ouvir falar a língua da cidade era um conforto para os meus pais. Até eu adquirir uma voz dissidente, que chocou e abalou a sensibilidade deles, uma voz que os fez sentir medo. Para eles, qualquer discurso contra a autoridade, o que eu chamaria de cultura dominante, põe a pessoa que o profere em risco. Portanto, é melhor permanecer em silêncio. Minha fala os deixou com medo. De certa forma, ficaram felizes quando saí de casa e fui para o mundo das cidades, onde eles não tinham que me ouvir falar. Nunca conseguiram entender que, de vários jeitos, eu era apenas e simplesmente do interior, e que nada — estudos, educação ou a fama de escritora — mudaria isso.

Em *Citizenship Papers* [Documentos de cidadania], Wendell Berry afirma, corajosamente:

Acredito que essa atual disputa entre industrialismo e agrarianismo define a diferença humana mais fundamental, pois divide não apenas dois conceitos quase opostos de agricultura e uso da terra mas também duas maneiras quase opostas de compreensão de nós mesmos, de nossos semelhantes e de nosso mundo.

Para mim, essa citação evoca profundamente a divisão entre mim e meus pais. Eles representavam a cidade, a cultura do novo — receber mais dinheiro, comprar mais coisas, jogar coisas fora, sempre há mais. Meus avós, tanto maternos quanto paternos, representavam o interior, a cultura do passado, sem desperdício, tudo usado, útil, reciclado. Agora, Rosa Bell e Veodis se tornaram parte da cultura do passado. Papai, aos 88 anos, é um dos últimos sobreviventes da infantaria totalmente negra da qual fez parte na Segunda Guerra Mundial. Mamãe é dez anos mais nova, mas a perda de sua memória a levou daqui para a eternidade. Ela, mais do que papai, sente que não tem um lugar real entre os vivos, que não pertence. Ao contrário de papai, ela acha que seria melhor morrer.

Perder a memória para a demência ou para o Alzheimer é uma forma de morrer. A pessoa é levada a um lugar em que já não faz conexões nem se comunica com a mente. As palavras não têm mais tanto peso. A linguagem tem pouco significado. A divisão entre zona rural e urbana não existe mais. O tempo não pode ser entendido de nenhuma maneira linear consistente. O tempo converge em si mesmo; os dias passados caem facilmente no presente, e os anos desabam sobre eles mesmos. Os rostos também caem no esquecimento, e os relacionamentos que outrora eram tudo se tornam sombras indistintas. Mamãe acorda e diz, a respeito do marido com quem está casada há quase sessenta anos: "Quem é ele?". Quando você o identifica, ela apenas diz: "Ah!". E é aí que o assunto acaba para ela. Mais tarde, ela o chama pelo nome e fala a partir daquele lugar em que eles se conhecem intimamente. Mas essa consciência vívida não dura muito.

Mamãe ainda sabe quem eu sou. Ela ouve minha voz e sabe que Gloria Jean está na linha. Ouve minha voz e sabe como estou me sentindo. Um dia liguei e ela disse: "Eu estava olhando um de seus livros agora mesmo". Quando estive em casa pela última vez, ela segurava um dos meus livros e lia sem parar a parte que descreve a autora. Repetidamente, leu essa parte em voz alta para mim várias vezes. Quando terminou, ficou satisfeita por ter compreendido uma parte de quem eu sou — sua filha que escreve. E, no entanto, meus escritos têm sido uma fonte de dor para mamãe, pois revelam ao público muitas coisas que ela teria escolhido manter na vida privada, em segredo. Apesar de ter me dito, uma vez, que meu trabalho lhe causa tanta dor que ela apenas se ajoelha e reza, ela se orgulha da minha escrita. Meus pais atravessaram a tempestade do meu trabalho. Por mais disfuncional que nossa família possa ser, meus pais mantiveram o cuidado e o compromisso com todos os filhos — com a família. E, à medida que fui chegando à meia-idade, passei a apreciar profundamente a disciplina necessária para manter o compromisso por mais de cinquenta anos. Morando sozinha, como morei por quase tantos anos da minha vida quanto os que compartilhei com um parceiro, vendo casamentos, parcerias (heterossexuais e homossexuais) começarem e terminarem, desmoronando no momento em que a diferença mais sutil era reconhecida e considerada irreconciliável, valorizo a força necessária para manter o compromisso.

Valorizo e compreendo uma visão do casamento como sacramento. P. Travis Kroeker expressa de uma maneira muito bonita o que isso significa, ao compartilhar, de um ponto de vista cristão, que "entregar-se ao casamento é uma ocasião de alegria — nós o celebramos porque, como seres humanos, somos feitos para uma íntima comunhão com Deus e com tudo que está vivo". Ele explica:

O sacramento do casamento é, portanto, tudo exceto um ato privado e exclusivo. Está sempre relacionado à comunidade maior da qual se faz parte. Um dos maiores perigos do amor romântico é que ele privatiza o amor, impedindo-o de receber nutrientes essenciais. Um casamento próspero precisa da comunidade para sustentá-lo e, por sua vez, edifica a comunidade e a vida do mundo.

De fato, vejo a evidência disso no longo casamento dos meus pais e a vi no casamento de mais de setenta anos dos meus avós maternos. Infelizmente, esses dois casamentos não são nem foram particularmente amorosos ou alegres. Mesmo assim, as condições para o amor estavam presentes: cuidado, comprometimento, conhecimento, responsabilidade, respeito e confiança. Todas as partes envolvidas simplesmente optaram por não honrar a totalidade dessas condições. Escolheram se concentrar no cuidado e no comprometimento. Como testemunha, posso atestar que eram bons exemplos disciplinados desses dois aspectos do amor. E, apesar da falta de bem-estar em seus casamentos, ainda me surpreendo e me impressiono com o poder da disposição que têm para se comprometer. Anseio por esse compromisso de vida inteira no contexto de um relacionamento amoroso.

De modo significativo, esses dois casamentos duraram tanto tempo justamente porque ocorreram no contexto da comunidade. Foram fortalecidos pela constante interação com a vida na família estendida, na igreja, no trabalho e em um mundo cívico — uma vida em comunidade. Quando comecei a superar minhas duras críticas ao casamento de meus pais, às disfunções deles, pude ver os aspectos positivos desse vínculo. Até senti inveja. O que mais admirei e admiro na vida deles é a capacidade de comprometimento disciplinado, o engajamento em criar e manter uma vida em comunidade. E, mesmo que não tenham criado um vínculo amoroso entre si, prepararam o terreno para o amor, semeando duas sementes — cuidado e comprometimento — que considero essenciais em qualquer esforço para cultivar o amor. Portanto, sou grata a eles por fornecerem a mim e a meus irmãos uma compreensão, por meio de suas práticas de vida, de como o comprometimento e o cuidado contínuos podem ser.

Sou especialmente abençoada por ter vivido tanto tempo e por ter pais ainda vivos a quem posso expressar gratidão por seus dons de cuidado e compromisso. Em seu brilhante ensaio "An Economy of Gratitude" [Economia da gratidão], Norman Wirzba compartilha esse ponto de vista: "No comprometimento prático, cotidiano e contínuo com o local e com a comunidade, as marcas de gratidão [...] entram em foco mais nitidamente". Wirzba define essas marcas como "afeto, atenção, satisfação, gentileza, elogio, convívio e arrependimento". Todas essas marcas definidoras estão presentes quando eu comungo com meus pais em nossa terra natal, na casa deles no Kentucky. O espírito de conflito e disputa que durante anos caracterizou nossas interações foi embora. Ao nos fazerem entender que não havia conflito poderoso o suficiente para romper os laços de cuidado e comprometimento, meus pais, sobretudo minha mãe, tornaram possível que aquele lar fosse sempre um lugar de reconciliação, um lugar para se reunir, um meio de voltar para casa.

Wirzba enfatiza a importância de criar uma "comunidade de cuidados" para que nossos relacionamentos possam ser "governados pelo convívio, e não pela suspeita; pelo elogio, e não pela culpa". Além disso, ele escreve: "Em uma comunidade de cuidados, as pessoas estão voltadas umas para as outras. Elas desistiram do sonho falso, eternamente adiado, de que a felicidade está em outro lugar com outras pessoas". Isso inclui acolher nossos pais, aceitá-los como são, sem esperar que se tornem o que queríamos ou queremos que sejam. Wirzba continua:

> À medida que trabalhamos com outras pessoas e nos esforçamos para conhecê-las, aprendemos a apreciá-las em sua profundidade e integridade, reconhecendo seus potenciais e necessidades. Nós as vemos pelas criaturas únicas que são e começamos a nos aproximar da complexidade, da beleza e do mistério de cada coisa e pessoa criada. A beleza de quem eles são começa a surgir em nós, suscitando uma resposta de amor e celebração dentro de nós.

Sem dúvida essa tem sido minha experiência, tanto no meu relacionamento com meus pais quanto na comunidade na qual cresci, e agora com o lugar no Kentucky que é minha casa.

As comunidades de cuidado são mantidas por rituais de respeito. Comer juntos era o foco central das reuniões familiares em nossa casa. À mesa, compartilhamos histórias da nossa vida, o humor cotidiano e o puro prazer da deliciosa comida caseira. Nossa mãe era uma ótima cozinheira. Compartilho com Wirzba a crença de que "ao redor da mesa criamos as condições para o convívio e o elogio [...]. Ao compartilharmos a refeição, expressamos de maneira concreta a nossa gratidão. Sentimos o gosto do céu". Era certamente esse o caso na cozinha da casa de nossa mãe.

Infelizmente, em seu novo estado de perda de memória, mamãe não cozinha mais nem encontra prazer em comer algo gostoso. Ela precisa ser persuadida a se sentar à mesa. Isso geralmente acontece com aqueles que sofrem de demência ou de Alzheimer. Novos rituais de respeito são necessários. Antes da perda da memória, mamãe estava sempre de pé, trabalhando, cozinhando, limpando, atendendo às necessidades de outras pessoas. Em seu casamento patriarcal, ela sempre dava tudo na mão do nosso pai. Agora ela precisa de nós para servi-la, que nos dediquemos a seu conforto e cuidado. Esse serviço é a encenação de um ritual de respeito. A devoção que ela desperta em seus entes queridos é um resultado natural do cuidado e do comprometimento que proveu a todos nós. E, ainda que para papai tenha sido difícil mudar, aceitar o fim de certas formas de privilégios patriarcais que ele assumiu serem seus direitos naturais simplesmente por ter nascido homem, ele está aprendendo a ser um cuidador para ela.

Hoje mamãe passa boa parte do tempo sentada. Existem aspectos belos e admiráveis em suas formas atuais de autoexpressão e identidade. É uma alegria sentar ao lado dela, poder abraçá-la, acariciar suas mãos, gestos que teriam sido impossíveis no passado. Ela consideraria tolice ficar sentada conversando sobre amor quando havia trabalho a fazer. Como é maravilhoso ver essas novas experiências com ela convergirem com as antigas, vê-la tão terna, tão vulnerável, sem as restrições da vergonha e das inibições convencionais. Agora vejo nela o espírito insubordinado que ela via em mim e que desejava domar por medo de que fosse perigoso. Não há limites para minha gratidão por poder estar presente — agora uma testemunha de sua vida — enquanto ela luta para entender os pontos que não se conectam, enquanto caminha em direção à morte. Também é bom testemunhar papai graciosamente descendo a montanha e poder ajudá-lo de vez em quando.

Wirzba acredita que, "ao nos dedicarmos uns aos outros e, assim, ao experimentar direta e diariamente a diversidade de dádivas que contribuem para nossa vida, a gratidão tomará seu lugar de direito como o estado de espírito que guia e forma nossos caminhos". A gratidão nos permite receber bênçãos; prepara o terreno do nosso ser para o amor. E é bom ver que, no final, quando tudo já foi dito e feito, o amor prevalece.

11.
criando laços transfronteiriços

Ao longo dos meus anos de faculdade, tanto como estudante quanto como professora, conversávamos sobre as dádivas positivas que surgem quando você se relaciona com alguém diferente, de raça, classe, gênero diferentes. Era a grande época dos estudos culturais. Uma política positiva da diferença foi o ponto de partida para a formação de laços além das fronteiras, especialmente as impostas pelos sistemas de dominação, pelo patriarcado supremacista branco capitalista imperialista. Embora a teoria enfatizasse a travessia de fronteiras, havia pouca conversa sobre a prática real, sobre o que torna possíveis os laços além de raça, classe, gênero e de políticas diversas. Nosso silêncio acerca da prática surgiu porque ninguém realmente queria falar sobre as dificuldades de se relacionar com as diferenças, as falhas na comunicação, as crises, as traições. Enquanto conversávamos abertamente sobre raça e gênero, não se tocava muito na questão de classe, embora quase sempre fossem justamente essas diferenças que nos separavam e distanciavam. As fronteiras de raça e gênero pareciam mais fáceis de superar do que as diferenças de classe. No entanto, muitos de nós fomos criados para acreditar que, em uma sociedade democrática, a classe não importa.

Como eu, a maioria dos meus colegas de pós-graduação se tornaram professores. Escrevemos e ensinamos teoria feminista. Escrevemos e ensinamos sobre raça, gênero e sexualidade. Escrevemos sobre classe. Mas grande parte de nossos escritos se resume à descrição e à análise de problemas. Escrevemos mais sobre teoria do que sobre prática. Foi mais fácil fazer teoria do que pôr em prática, na vida real, aquilo que declaramos ser o trabalho de acabar com a dominação, os hábitos que devem ser abundantes se quisermos viver em uma sociedade justa que ofereça a todos o direito de levar uma vida significativa de máximo bem-estar.

Durante minha infância no estado de Kentucky, nos anos do apartheid racial, fui ensinada tanto por brancos quanto por negros que as raças não deveriam se misturar, que seria melhor estarmos separados tendo direitos iguais. Enquanto os brancos racistas não esclarecidos defendiam a noção de que as raças deveriam ser separadas por causa de sua superioridade inata, as pessoas negras defendiam a separação para nos manter seguros, pois, na mente deles, a mistura de raças geralmente trazia problemas, até mesmo a morte. Ousar atravessar as fronteiras raciais em uma cidade pequena não foi fácil. Normalmente eram os brancos religiosos engajados com a justiça que se esforçavam para promover encontros e misturas. As pessoas negras que se misturavam com brancos estavam enfrentando e desafiando o sistema de dominação imperialista da supremacia branca. Estávamos correndo riscos. E esses riscos pareciam valer a pena se significassem que algum dia o apartheid racista terminaria. Quando adolescente, esperançosa de que o fim de todas as formas de dominação aconteceria durante o meu tempo de vida, estava disposta a convergir o pessoal e o político, a fazer minha parte, ainda que pequena, para mudar o mundo.

Muitas vezes me surpreende que no mundo de hoje — com pouquíssimo risco envolvido, sem chances de excomunhão da comunidade e da família, sem ataques com risco de morte — indivíduos ainda pareçam aterrorizados com a diferença, com laços transfronteiriços. Até mesmo as pessoas que falam e escrevem sobre a importância de atravessar fronteiras ainda vivem uma vida interagindo na maior parte do tempo com pessoas como elas, especialmente aquelas com quem compartilham raça e classe. No meu trabalho, na minha vida, percebi que o principal medo que as pessoas têm de estar com alguém diferente de si é o medo de conflitos. E, no entanto, nenhum de nós acredita que em nossos relacionamentos amorosos, com familiares e parentes, nunca teremos momentos de conflito. Simplesmente acreditamos que, caso surjam conflitos nesses relacionamentos, seremos capazes de lidar com eles.

No início dos círculos feministas, as mulheres que lutavam para se relacionar com base na sororidade compartilhada muitas vezes descobriam que o ponto em que as semelhanças terminavam era um ponto de ruptura que levava ao conflito. E, na maioria das vezes, os conflitos ficavam intensos e separavam as pessoas. No entanto, não me alegraria com a sororidade pela diferença, como faço hoje, se não fosse a minha experiência trabalhando com mulheres que desmantelavam pensamentos e ações supremacistas brancas em sua mente e em seu coração. Com elas, testemunho uma verdadeira política de solidariedade. E, mesmo quando as diferenças entre mim e determinada mulher eram intensas e às vezes amargas, o compromisso com a sororidade nos unia novamente. Uma arena de conflito se instalava quando mulheres brancas pediam às mulheres negras/de cor que compartilhássemos nossos pensamentos sobre uma decisão a ser tomada. E, quando discordávamos, nossos comentários eram ignorados. Era como se nunca tivéssemos falado.

Aquelas de nós que criávamos teorias de raça e gênero víamos isso como um gesto de supremacia branca. No entanto, o que parecia óbvio para nós só ficou nítido para as mulheres brancas com quem trabalhávamos por meio de leituras e explicações e da disposição para fazer o autoexame crítico necessário capaz de proporcionar uma análise objetiva de seu próprio comportamento. Certa vez, tive um conflito negativo intenso com uma colega dos estudos de mulheres por quem sentia um forte senso de solidariedade. Eu acreditava que o compromisso dela de acabar com o patriarcado supremacista branco capitalista imperialista era tão consistente quanto o meu. Entretanto, repetidamente, ela ignorava tanto os meus comentários críticos quanto de outras colegas negras caso nossa crítica não apoiasse sua perspectiva ou propusesse um plano de ação.

Começamos a discutir calorosamente em público, nós duas falando alto, cheias de raiva. Um dos comentários desagradáveis e sarcásticos que fiz era algo como: "Ah, não estamos praticando sororidade hoje: estamos praticando supremacia branca". Ao deixar esse encontro com meu ego furioso, me senti confiante de que nunca mais voltaria a falar com ela. Felizmente, com o passar do tempo e com o ego não mais no controle das minhas emoções, pude recordar as muitas ocasiões em que fomos solidárias, os muitos momentos em que compartilhamos a doçura da vida. Com o tempo, encontramos nosso caminho até o perdão e a reconciliação. Para ela, esse episódio significou realmente aprender mais sobre como a supremacia branca pode falar através de nós de modo inconsciente. Para ela, isso significou aprender a confiar de verdade no conhecimento das colegas negras. Durante todo esse conflito, eu tinha consciência dos muitos momentos em que tive a opção de ser compreensiva e manter nosso vínculo, ou permitir que a raiva e a culpa cortassem laços significativos. Nós duas éramos gratas por termos vivido a teoria que ensinamos e pregamos; nós duas estávamos ansiosas para celebrar, mais uma vez e de outra forma, o poder da sororidade.

Sensibilizarmo-nos com os laços que superam diferenças nos mantém sempre cientes da realidade de que os conflitos acontecerão, mas, mesmo os temendo, podemos e aprendemos a lidar com eles. O mais importante é que, como em qualquer relacionamento, aprendemos a crescer e a mudar. Os conflitos por si sós não fortalecem os laços; o que fortalece é o modo como trabalhamos com eles. Muitas vezes, os brancos mantêm secretamente um tremendo medo de que uma pessoa de cor os rotule de racistas. Esse medo parece ainda mais profundo se o indivíduo branco for extremamente apegado a uma imagem de si mesmo como antirracista. Se abandonarmos por um tempo o foco no racismo e reconhecermos que todos (incluindo pessoas de cor) fomos criados para adotar a lógica da supremacia branca, então podemos aceitar isso como um aspecto fundamental de nossa educação psíquica. Podemos aceitar que o pensamento e a ação da supremacia branca, não importa quão relativos, foram impressos em nossa consciência muito cedo. E poderemos, então, compartilhar a consciência comum de que cada um de nós deve examinar criticamente até que ponto a socialização precoce continua a nos influenciar e a interferir nas maneiras que escolhemos para descolonizar nossa mente. Em *Parenting for Peace and Justice*, os autores Kathleen e James McGinnis nomeiam de modo honesto a necessidade do autoexame crítico como um componente necessário de um processo antirracista:

> Sugerimos que o ponto de partida seja nós mesmos — nossas próprias atitudes, nosso comportamento. [...] Observar nossas próprias atitudes em relação à raça pode ser assustador. Há momentos em que não gostamos do que vemos em nós mesmos, em que temos que admitir que não estamos confortáveis com nossos medos, perguntas, ressentimentos, embaraços. [...] Não existe uma fórmula mágica para mudar atitudes raciais. A ajuda vem de diferentes formas, em diferentes momentos e de diferentes fontes.

A vontade de se autoavaliar é crucial para qualquer processo de desaprendizagem do racismo e da supremacia branca.

Aceitar que todos nós fomos doutrinados no pensamento supremacista branco nos permite abandonar uma política superficial de culpa. Em vez disso, podemos nos concentrar em questões de responsabilidade e transparência. Toda a solidariedade que criei para além das diferenças se baseia em um fundamento de responsabilidade — uma crença de que, independentemente da nossa socialização, somos sempre responsáveis quando escolhemos em que acreditar e como agir. Repetidas vezes, em conversas com meus aliados brancos em luta, aprendo que muitos escolheram ser antirracistas na infância. Respeitar a realidade de que crianças podem tomar decisões e firmar compromissos éticos tão sérios deve nos lembrar de que temos o poder de transformar nossa consciência, nossos hábitos de existência.

Todos aqueles que estão olhando para além da raça e do racismo, que permanecem comprometidos em desafiar e transformar a supremacia branca, são guiados pelo pensamento crítico. Em nossos esforços para estabelecer laços que superem as diferenças, uma lição que aprendemos no início do processo é não fazer suposições sobre a natureza de quem as pessoas são, não pensar que podemos conhecê-las olhando para uma realidade superficial. Uma das amizades mais ímpares da minha vida aconteceu com um "caipira" branco, Eugene, que construiu minha casa nas colinas do Kentucky. Quando perguntei aos proprietários anteriores, que são brancos, se o construtor faria mudanças, o homem respondeu afirmando que não tinha certeza se o construtor desejaria trabalhar para uma pessoa negra. Com relutância, ele nos colocou em contato. Apreensiva em ir sozinha para as montanhas encontrar Eugene, perguntei a uma professora mais velha e branca se ela se juntaria a mim. Quando nos conhecemos, logo ficou evidente que esse caipira trabalhador do Kentucky, que vivia em um casebre, estava profundamente comprometido em viver uma vida aberta e se sentia livre para criar laços com as pessoas para além das diferenças. Ao julgá-lo com base nas aparências e no status de classe, o casal branco para quem ele trabalhara antes nunca se permitiu conhecê-lo além da raça e do racismo. Nunca teve a oportunidade de ouvir sua história.

Seguramente, a escuta ativa é essencial para o processo de aprendizado e conexão para além das diferenças. Quando paramos de fazer inferências e damos às pessoas a oportunidade de compartilhar suas experiências conosco, para nos informar sobre como se veem, há uma vontade muito mais forte de se conectar. E essa conexão é central no processo de construção da comunidade. A curiosidade é um traço que fortalece todos os nossos esforços de nos conhecermos para além das diferenças. Na cultura dominadora, muitos de nós aprendemos desde a infância que a curiosidade é perigosa. Até a corriqueira expressão infantil "a curiosidade matou o gato" sugere um problema em buscar conhecimento além do que é considerado aceitável. No meu trabalho, escrevo sobre o lugar da "abertura radical" como um ponto de vista útil para o mundo da diferença e da alteridade.

Compartilhar o humor é crucial para estabelecer uma ligação que supere as diferenças. Rir juntos é sempre uma maneira de intensificar a intimidade. Quando podemos rir de erros, rir mesmo em meio às nossas lágrimas, afirmamos que o que nos mantém juntos é sempre mais importante do que aquilo que pode nos separar. A risada geralmente serve como intervenção poderosa quando os problemas que estamos enfrentando são difíceis e dolorosos. Ela oferece uma maneira de mudar de canal, nos "relaxando" por um momento para em seguida nos acalmar de fato, voltando a estados de tranquilidade que tornam possível a comunicação. O riso compartilhado ajuda a criar o contexto para que surjam sentimentos de reciprocidade.

Quando o movimento feminista estava no auge, havia muita conversa sobre a necessidade da igualdade, apresentada como base para a sororidade. É óbvio que, quando nós mulheres começávamos a expressar nossas diferenças, éramos expostas a tudo o que tornava desiguais os relacionamentos entre mulheres. A teoria teve de mudar. Feministas visionárias começaram a falar da importância da reciprocidade, da parceria. Usar tal modelo como base para a conexão abriu a possibilidade de que poderia haver grandes diferenças entre as pessoas, mas essas diferenças não precisavam levar à dominação. Saber, por exemplo, que uma pessoa heterossexual tem privilégios heterossexuais pode levá-la a ter consciência de como interagir com pessoas gays de maneira a afirmar que todas as identidades são aceitáveis. A reciprocidade nos convoca a respeitar uns aos outros. Como a raiz do significado da palavra *respeito* é "olhar para algo", podemos usar nossas visões para conhecer uns aos outros, para ver quem realmente somos por trás da máscara das categorias. Podemos ir além da diferença.

Passei a primeira infância nas colinas do Kentucky. A família de mamãe era do interior. A diferença não era bem-vinda em nossa vida. Fomos ensinados a ficar com os iguais e a temer o estranho. Dado que o nosso era um mundo de apartheid racial, aprender a temer os brancos era crucial para a sobrevivência. Isso nos obrigou a estar sempre vigilantes. Apesar de tudo, as colinas eram os únicos lugares racialmente integrados: brancos pobres viviam em casebres isolados, onde também viviam pessoas negras pobres. Foi lá que aprendi a ter curiosidade sobre pessoas que não são como eu, a superar o medo. E nesse movimento me tornei alguém que minha família via como diferente. Para eles, não era "natural" querer ir além das relações familiares e de parentesco e se conectar com estranhos.

Ao longo da adolescência, criei laços com estranhos que, como eu, eram considerados diferentes por compartilhar um status comum de forasteiro. Aprendi que era possível ter uma conexão de alma com alguém, superar a raça e todas as outras categorias de separação. Apesar e além de tudo o que poderia nos dividir, esses encontros me mostraram que uma vida de diversidade era mais significativa. Há pouco tempo, uma das minhas alunas brancas compartilhou que sentia medo de seu desejo de superar a raça e de criar laços com pessoas de cor. Ela temia que mesmo esse desejo fosse uma pequena manifestação do privilégio branco. Não querendo que ela sentisse medo desse desejo, eu a incentivei a confiar em sua capacidade de ser criticamente vigilante. Isso significa que ela precisa confiar em seu conhecimento da cultura dominadora para poder ter fé em suas próprias estratégias de resistência.

Todos nós podemos confiar em nossas estratégias de resistência quando vemos o modo positivo de transformação de nossa vida e formas de existência. Confio nas pessoas brancas com quem me alio devido ao comprometimento delas com a paz, com a justiça e com o fim da dominação. Foi essa vontade de trabalhar pela mudança que as motivou a criar laços para além das diferenças. E é nosso desejo comum de viver em solidariedade uns com os outros que nos ajuda a criar laços duradouros de comunhão e camaradagem.

A prática da compaixão também é central para alcançar a paz. Nossa empatia com as pessoas que não são como nós rompe barreiras e permite a formação de laços e conexões. Uma vez que nos respeitamos e sentimos compaixão, somos capazes de aceitar não apenas que todos temos nossas diferenças mas também que todos cometemos erros. Esse é especialmente o caso quando criamos laços para além da raça. Não importa a profundidade do nosso comprometimento com a mudança: ainda haverá momentos de confusão. Depois de anos trabalhando para desafiar e mudar o machismo, de vez em quando me pego pensando ou me comportando de uma maneira que não está de acordo com minhas crenças. Acho difícil ver que dentro de mim ainda há trabalho a ser feito. No entanto, ao mostrar compaixão por meu eu falho e imperfeito, me torno mais capaz de aceitar as imperfeições dos outros. Com frequência machucamos uns aos outros, mesmo que não exista nenhum desejo de causar dano.

Infelizmente, como muitas pessoas foram feridas pelas práticas de dominação e sofreram traumas graves, podemos desencadear dor em outras pessoas ao fazer comentários que achamos engraçados ou sem intenção séria. Recentemente, eu estava dando uma palestra sobre a biografia de Malcolm X escrita por Marable. Falei sobre a maneira como o biógrafo depreciou esse líder sem motivos aparentes. Falando espontaneamente, chamei atenção para a capa do livro, afirmando que a imagem de Malcolm o fazia parecer "retardado". Depois, vários colegas, negros e brancos, comentaram sobre a natureza inadequada da minha descrição. É óbvio que, como a maioria das pessoas que cometem ofensas com a linguagem casual falada, insisti que não tinha feito por mal. Porém, ao parar um momento para pensar sobre o assunto, pude ver com nitidez como o meu comentário descuidado poderia ter levado uma pessoa com deficiência que estivesse presente e tivesse sido insultada e ridicularizada com a marca "retardado" a relembrar todo o trauma. Quando sugeri aos meus colegas que deveriam ter me criticado durante a palestra, eles alegaram estar muito envergonhados por mim. Na minha opinião, teria sido um momento útil de aprendizagem. E, mesmo que não houvesse uma pessoa com deficiência no recinto, minha linguagem ainda não estaria adequada. A resposta mais apropriada quando descobrimos que usamos inadvertidamente as ferramentas de dominação para causar dor é escutar e corrigir-se.

Em todo relacionamento que tive com uma pessoa branca que desaprendeu a supremacia branca, a compaixão nos ajudou a perdoar. Não nos apegamos à mágoa nem projetamos a dor do passado nos encontros presentes. Praticar o perdão significa que sempre pode haver reconciliação. Quando construímos confiança, aprendemos que podemos correr riscos, cometer erros, e nossos laços de intimidade e solidariedade permanecerão firmes. Mesmo nas melhores amizades, quando há muito em comum, há momentos de conflito. Esses são os momentos em que é confirmada a nossa crença de que a outra pessoa deseja o melhor para nós.

O feedback crítico é uma das maneiras pelas quais aprendemos a melhor forma de se relacionar para além das fronteiras. No processo de nos relacionar de modo crítico, muitas vezes descobrimos que as diferenças que nos separam não são tão vitais quanto as experiências comuns que nos conectam. Se focamos demais a diferença, negligenciamos essas realidades compartilhadas. Em minha vida, nos laços mais profundos que ultrapassaram a raça, o que nos conectou foi compartilhar algo importante. Com meu amigo Eugene, encontramos um terreno comum em nossa obsessão mútua por casas e carros velozes. Encontrar um terreno comum não apaga conflitos que emergem da diferença; é apenas a base sólida que nos permite lembrar repetidas vezes que não precisamos temer conflitos, que podemos lidar construtivamente com o que aparece em nosso caminho.

Se eu tivesse agido de acordo com a insistência de minha família para permanecer longe do "outro", não importa quem ele fosse, muitas coisas incríveis e maravilhosas estariam ausentes da minha vida. Encontrar palavras para compartilhar com precisão o conforto e a solidariedade que surgem quando trabalhamos para mudar e unir nossas diferenças não é uma questão simples. A cultura dominadora quer que não tenhamos linguagem para expressar completamente a beleza e o poder da diversidade. À medida que vivemos nossa teoria da comunidade amada, seremos cada vez mais capazes de encontrar as palavras para expressar como a paz e a justiça transformam, como o amor nos mantém juntos.

12.
resistência cotidiana: como dizer não à supremacia branca

A essência da raça e do racismo é a supremacia branca. Podemos estar atentos ao impacto da supremacia branca enquanto trabalhamos consciente e atentamente para criar uma vida em que a completude do eu e da identidade sirvam como resistência poderosa e contra-hegemônica à subjugação pela identidade racializada. Pessoas negras, jovens e idosas, que se deixam levar pela ideia da raça e sua concomitante agenda racista antinegra tendem a se ver como vítimas, vivendo em estados psicológicos de medo e paranoia que provocam esgotamento, estados mentais que tornam muito mais difícil, para não dizer impossível, o enfrentamento de um mundo predominantemente branco.

Embora exista muita conscientização de que o pensamento e a ação da supremacia branca são cotidianos e onipresentes, pouco se fala sobre o que as pessoas podem fazer para proteger a mente, o corpo e o coração. Encontrar algum livro que analise o impacto da televisão tendenciosa em favor da supremacia branca na mente de crianças negras seria uma ocorrência rara. No entanto, são primordialmente as imagens da televisão, que espelham a estética supremacista branca, que ensinam as crianças sobre a relevância da cor da pele e que a pele negra é indesejável. Muitos pais e mães solo permitem que as crianças assistam à televisão excessivamente como forma de cuidado quando querem um descanso ou estão ocupados com outras questões domésticas. Mesmo sendo uma adulta esclarecida, me protejo do ataque contínuo da supremacia branca evitando ver televisão indiscriminadamente. Crianças não conseguem monitorar sozinhas o que assistem. E, no caso das crianças negras, ninguém está realmente verificando até que ponto as imagens que veem as ensinam a odiar a si mesmas e diminuem a possibilidade de criar uma autoestima saudável. Newton Minow e Craig LaMay, em *Abandoned in the Wasteland: Children, Television, and the First Amendment* [Abandonadas no terreno baldio: crianças, televisão e a Primeira Emenda], alertaram o público estadunidense sobre os perigos psicológicos do ato de assistir à televisão excessiva e indiscriminadamente e sobre a necessidade de proporcionar um ambiente televisivo mais saudável para as crianças. Apesar de não escreverem sobre os inúmeros modos como a televisão ensina os valores da supremacia branca ou como pessoas não brancas são retratadas, eles chamam atenção para a realidade de que crianças negras passavam mais horas vendo televisão do que qualquer outro grupo de crianças. À luz da luta para acabar com o racismo, parece essencial e necessário que haja uma abundância de literatura examinando criticamente o impacto da televisão no desenvolvimento da identidade e da consciência racial, sobretudo trabalhos no campo da psicologia e da autoajuda voltados para o grande público. No entanto, tais obras quase não existem. E, mesmo quando um presidente liberal como Clinton pode convocar uma discussão nacional sobre raça, essas discussões, quando ocorrem, raramente se concentram no impacto da cultura supremacista branca sobre as crianças, em especial as negras. Todas as crianças precisam ser protegidas das construções prejudiciais de raça e racismo normalizadas em nossa sociedade. Todas as crianças precisam receber orientação ao ver televisão.

Sem dúvida, hoje existem poucos pais em nossa sociedade que ensinam abertamente a seus filhos o pensamento e a prática da supremacia branca. As pessoas brancas que querem que seus filhos se envolvam com a supremacia branca, bem como as que não querem, podem ter certeza de que a pedagogia da supremacia branca será aprendida sempre que seus filhos assistem à televisão. E o que for aprendido será refletido na cultura mais ampla. Em seu brilhante livro *Parenting for Peace and Justice*, Kathleen e James McGinnis afirmam:

> As crianças brancas recebem constantemente mensagens da cultura que dizem que ser branco é de alguma forma ser superior às pessoas de cor. [...] Crianças brancas são ensinadas a aceitar o branco como norma ou padrão e a ver outras cores de pele como desvios da norma e, portanto, desvios das pessoas reais. [...] Essa situação dá às crianças brancas um falso senso de si e as impede de atuar harmoniosamente com pessoas de diferentes raças.

Aprender o pensamento crítico desde cedo pode ajudar as crianças a resistir às mensagens da supremacia branca.

Lançado pela primeira vez no final da década de 1970, o livro *Four Arguments for the Elimination of Television* [Quatro argumentos para a eliminação da televisão], de Jerry Mander, contém um capítulo intitulado "The Colonization of Experience" [A colonização da experiência]. Nele, o autor alerta os espectadores sobre o fato de que "a televisão incentiva a separação", explicando que, embora ofereça uma experiência que todos podem ter simultaneamente, ela deve reduzir a diversidade de experiências para controlar a consciência de todos. Cresci numa época da história do nosso país em que era raro ver imagens de pessoas negras na televisão. Bastava ligar o aparelho para criar a consciência da onipresença do apartheid racial, da supremacia branca. O mundo televisivo fictício era branco e projetado para atender às necessidades dos telespectadores brancos. Naquela época, quando nós, pessoas negras, assistíamos à televisão, raramente pensávamos estar vendo alguma representação que tivesse significado para nossa vida ou refletisse nossos valores. E como poderia, uma vez que nossos modos de responder à supremacia branca eram contra-hegemônicos? Assim como os brancos racistas estavam por aí nos perseguindo, colonizando nossa mente e imaginação, a tela fazia o mesmo por meio de imagens brancas. Até garotas negras nas zonas rurais do sul sabiam, já naquele tempo, que a televisão não era nossa amiga, e hoje ela é obviamente uma séria inimiga.

Ironicamente, durante os anos 1960, as manifestações antirracistas pelos direitos civis levaram imagens negras televisionadas para todos os lares enquanto violentos protestos eram documentados, e ainda assim essas imagens não desafiavam de nenhum modo os estereótipos racistas. De fato, o fascínio do grande público por essas imagens chamou atenção para a realidade de que imagens negras poderiam ser representadas na televisão, atraindo espectadores de todas as raças, sem, de forma alguma, promover o antirracismo. Embora a televisão mostrasse cada vez mais pessoas negras, os papéis que representavam e representam continuam sendo definidos por preconceitos racistas e estereótipos negativos. O mais surpreendente é que, apesar da mudança em nossa compreensão intelectual e acadêmica sobre supremacia branca, raça e racismo, representações de negritude na tela da televisão e nos filmes são, na realidade, tão negativamente estereotipadas quanto eram durante os períodos de apartheid racial.

Até mesmo intervenções moderadamente positivas como *The Cosby Show*[27] se transformaram em programas mais parecidos com os espetáculos de menestréis do século XIX. A ironia é que há uma aparência de progresso somente porque mais pessoas negras são criadoras de imagens e atores negros têm mais empregos do que nunca — mas seus papéis de forma alguma desafiam as percepções racistas. O recente sucesso fenomenal de *Histórias Cruzadas* (tanto do filme quanto do livro que o inspirou, *A resposta*), que pretende nos proporcionar um relato fictício das relações raciais entre empregadoras brancas e trabalhadoras domésticas negras no mundo segregado do Mississippi na década de 1960, simboliza uma tendência perturbadora. Na superfície, o tema do filme parece ser ousado, parece examinar profundos conflitos históricos entre mulheres, criados por construções sociais de raça e racismo. Na realidade, porém, essa história de sofrimento e trauma é trazida a nós como um pastelão tragicômico e como farsa, nos quais o mesmo velho entendimento racista predomina. O filme não oferece a esperança de um mundo antirracista, em que mulheres brancas e negras possam construir melhores relacionamentos entre

27. Série televisiva de comédia criada e apresentada por Bill Cosby. O programa teve oito temporadas, de setembro de 1984 até abril de 1992, e retratava a família Huxtable, afro-estadunidenses de classe média que viviam no Brooklyn, em Nova York. [N.E.]

si, relacionamentos que não serão baseados em paradigmas de dominação culturalmente aceitos em detrimento de um modelo de parceria.

Em última instância, o livro e o filme sugerem que há mais felicidade quando as pessoas se relacionam com aquelas que são como elas mesmas. A mensagem subjacente é integrar para segregar, pois, quando a história termina, as raças estão ordenadamente em seus devidos lugares. Crianças brancas recebem cuidado e apoio de mulheres negras adultas, e crianças negras são ensinadas por essas mesmas mulheres a aguentar uma vida em que receberão pouco ou nenhum cuidado, durante a qual só poderão esperar ser "serviçais". Não há um filme contemporâneo que tenha irritado e perturbado as mulheres negras tão profundamente quanto *Histórias Cruzadas*. Para muitas mulheres negras adultas — especialmente aquelas que, como eu, cresceram em um mundo racialmente segregado, no qual nossas mães trabalhavam como domésticas em casas brancas —, as imprecisões históricas do filme, bem como as representações profundamente desumanas de mulheres negras, de famílias negras, desencadearam sofrimento psicológico. As pessoas que foram violentadas de forma traumática por esse sistema opressivo e explorador de apartheid racial, diretamente como vítimas ou indiretamente como testemunhas, descobriram que as imagens provocavam estresse pós-traumático.

Definitivamente, ler o livro foi uma experiência bem diferente da experiência de assistir ao filme. A leitura facilita um distanciamento por meio da dissociação. Uma vez que o livro foi mal escrito, muitas vezes aparentemente com paráfrases ruins de obras já publicadas por mulheres negras e brancas, ele pode ser facilmente descartado, ao contrário do filme. Imagens visuais impactam a psique de maneiras bem mais viscerais do que a palavra escrita. Ao desencadear memórias traumáticas do desrespeito e do desprezo que mulheres brancas mostraram em relação às mulheres negras no passado e no presente, não é de admirar que algumas mulheres negras tenham se machucado assistindo a esse filme. Muitas relataram que se sentiram violadas mais uma vez. Outras mulheres negras, com medo de se machucar, recusaram-se a assisti-lo, confiando na crença de que não queriam que as imagens negativas representadas fossem impressas, consciente ou inconscientemente, em sua mente. Embora eu tenha escolhido ler o livro, não teria escolhido assistir ao filme. Como no filme *Preciosa*, eu sabia que haveria imagens e palavras que não gostaria de ter na minha cabeça. Como Jerry Mander declarou há alguns anos: "É possível falar por meio da mídia diretamente dentro da cabeça das pessoas e [...] deixar impressas imagens que as podem levar a fazer o que nunca teriam pensado em fazer". Não querendo "ouvir" nem "ver" as mensagens cinematográficas de *Histórias Cruzadas*, resisti a assistir ao filme até participar de várias mesas em conferências em que ele era um tópico de discussão. O pensamento crítico me ajudou a abordar o filme com o distanciamento psicológico apropriado. Ainda que eu não tenha me sentido "ferida" pelas imagens negativas, se tivesse opção, escolheria não consumir essas mercadorias.

O pensamento supremacista branco está se infiltrando na cabeça das crianças que não conseguem se proteger das ideias que entram em sua consciência por meio dos meios de comunicação de massa, especialmente a televisão. É óbvio que as revistas são tão criminosas quanto a televisão (felizmente, as crianças, sobretudo as que não sabem ler, não são tão expostas à mídia impressa). Um exame crítico de qualquer revista em nosso país mostrará que a estética da supremacia branca também predomina ali. O mesmo se aplica às revistas comercializadas especificamente para pessoas negras/de cor. Determinar valor com foco na cor da pele faz parte da vida negra hoje em dia, do mesmo modo como fazia no século XIX. Pele clara e cabelos longos ainda são vistos como as características mais desejáveis. Enquanto todas as mulheres da nossa cultura são doutrinadas pela estética supremacista branca (como demonstra a proliferação de salões de beleza que não fazem nada além de pintar os cabelos de loiro), muitas mulheres negras são especialmente obcecadas por se sujeitar a qualquer ataque ao corpo que seja necessário para produzir uma pele mais clara, bem como cabelos mais lisos e longos.

Embora a maioria das pessoas negras reconheça até que ponto a supremacia branca molda o pensamento coletivo acerca da autoavaliação, pouquíssimas agem como se houvesse algo a fazer para mudar o pensamento e a ação da supremacia branca. O documentário *Good Hair*, de Chris Rock, é um exemplo perfeito de como o tabu sobre cabelos e raça pode ser tratado sem comentários críticos. Mesmo que o filme mostre a dor das crianças negras ao terem seus cabelos alisados, ele nunca sugere que essas práticas devam ser vistas como agressivas ou abusivas e, portanto, devam ser interrompidas. No final do filme, Chris Rock é questionado sobre seu apoio a suas filhas caso elas quisessem alisar os cabelos, e ele responde que essa é uma questão de escolha pessoal delas. No entanto, o filme mostra que a escolha pessoal não pode ser separada do pensamento supremacista branco, da exploração imperialista (as imagens documentam o modo como as mulheres na Índia são induzidas a cortar os cabelos para que os fios possam ser vendidos para a fabricação de apliques e tranças).

Integrar-se à cultura dominadora é percebido pela maioria das pessoas negras/de cor como o caminho para o sucesso. Enquanto o pensamento e a prática da supremacia branca ensinarem secreta e/ou inconscientemente às pessoas que elas devem apoiar e perpetuar esse sistema se quiserem alcançar o sucesso, a raça e o racismo não terão fim. Começamos o processo de desafiar e alterar a supremacia branca nos tornando mais conscientes, recusando-nos a permanecer vítimas silenciosas. Kathleen e James McGinnis sugerem que, para criar um ambiente que ensine respeito a todos, devemos "encorajar e promover ativamente um profundo respeito pelas diferenças raciais e culturais e uma capacidade de nos alegrar e aprender com elas, em vez de simplesmente tolerar essas diferenças". Quando chamamos atenção para as condições necessárias para o crescimento da autoestima saudável, um trabalho que deve começar na infância, ajudamos a criar um ambiente em que a supremacia branca pode ser desafiada em todas as suas muitas manifestações. Ao desviarmos nosso olhar coletivo das antigas crenças sobre raça e racismo, recusando-nos a ver o problema apenas como discriminação direta ou atos prejudiciais explícitos, abrimos espaço para que a supremacia branca, do modo como se expressa pelo racismo cotidiano, possa ser denunciada, examinada criticamente e eliminada.

13.
contra a mediocridade

Meu caso de amor com os livros começou com a leitura, não com a escrita. Muito antes de começar a escrever, livros já modificavam minha visão de mundo, me ofereciam informações e pintavam quadros de lugares e modos de ser muito diferentes dos limites estreitos da vida que eu vivia. E me transformavam. Estou onde estou hoje não porque sou escritora, mas, acima de tudo, porque sou leitora. No livro bíblico do Apocalipse, há uma passagem que declara "feliz o leitor". Nos anos 1950, quando estava começando minha vida de leitora, era uma luta encontrar obras de escritores negros; quando os encontrava, eu lia tudo o que escreviam. Enquanto devorava esses escritores, matava a fome da minha alma (o batimento cardíaco do amor é o reconhecimento), e não importava quantos escritores não negros impressionantes e maravilhosos estivessem por aí. Saber da existência de escritores negros não me ajudou a me tornar escritora, mas a me sentir confortável como escritora.

Esse alicerce de amor-próprio e autoestima que emergia do profundo respeito pelo legado histórico de escritores negros não me impediu de continuar amando e respeitando toda a literatura canônica e relevante, tampouco impediu que eu lesse obras de muitos escritores que, em sua essência, tinham o pensamento e a visão da supremacia branca. Um dos primeiros livros de um escritor negro que li veio da estante do meu pai (um leitor consistente, um trabalhador do pensamento crítico). O livro era *Da próxima vez, o fogo*, de James Baldwin. Eu não poderia ter pedido um mentor literário melhor do que Baldwin — espirituoso, radical, transgressor, desviante sexual, ele encarnava todas essas características. E lá estava ele escrevendo para seu sobrinho, dizendo que o "essencial da questão está nesse ponto":

> Você nasceu onde nasceu e se defrontou com o futuro com que se defrontou porque era negro e *por nenhum outro motivo*. Esperava-se que os limites de sua ambição fossem, assim, fixados para sempre. Você nasceu em uma sociedade que traduzia com clareza brutal, e no maior número de formas possíveis, que você era um ser humano sem valor. Não se esperava que você aspirasse à perfeição: esperava-se que fizesse as pazes com a mediocridade.

Essa carta ao sobrinho foi oferecida como aviso, como precaução. Quantos de vocês leram Baldwin, além de um parágrafo ou um ensaio? Quem realmente leu e estudou James Baldwin? Quantos de vocês deram atenção à sua advertência de que nosso esforço pela excelência no mundo das palavras, como leitores e escritores, é em si um ato de resistência política? No meu trabalho, lembro repetidamente aos leitores que nosso direito de ler e escrever como pessoas negras é um legado da luta pela libertação. Muitos morreram em prol desse direito.

Em um mundo em que entendemos o poder das palavras para nos libertar ou nos vincular para sempre às coisas medíocres, ruins como um tipo de comida artificial desprezível que nunca nutre nossa alma, devemos, como leitores e escritores, estar sempre vigilantes. Devemos exigir uma diversidade de trabalhos: sérios, lúdicos, ruins, baratos e vulgares. Gosto que a literatura barata tenha seu lugar. Quero ver mais escritores negros de mistério, de romances bregas. No entanto, não queremos permitir que forças de mercado não esclarecidas (a mentalidade do patriarcado supremacista branco capitalista imperialista) determinem a natureza do que lemos e escrevemos. Em um mundo em que os escritores brancos geralmente ganham grande status e são levados a sério quando escrevem sobre raça, escritores negros ainda estão preocupados em ser vistos como não suficientemente bons, pouco sérios, muito emocionais etc. ao tratar de questões raciais.

Até mesmo escritores brancos progressistas não conseguem resistir e acabam impondo esse peso a escritores negros. Ao receber o Prêmio de Jerusalém na Feira Internacional do Livro em 9 de maio de 2001, Susan Sontag (uma escritora que li, estudei e admiro) se esforçou em sua palestra para falar sobre a necessidade de escritores não se atolarem na polêmica política propagandística, encorajando-os a manter a integridade da visão e do ofício. "Uma coisa é se voluntariar, estimulada pelos imperativos da consciência ou do interesse, para se envolver em debates e ações públicas. Outra coisa é produzir opiniões — frases de efeito e chavões moralistas por encomenda", disse, e arrematou: "O escritor não deve ser uma máquina de opinião". O exemplo que ela oferece da profanação do ofício da escrita evoca a questão da raça.

Sontag afirma: "Como um poeta negro do meu país descreveu, quando recriminado por alguns colegas afro-estadunidenses por não escrever poemas sobre as atrocidades do racismo:

'Um escritor não é uma jukebox'". Até pode ser verdadeira essa afirmação de que escritores nunca devem escrever sob demanda, dançando conforme a música que alguém deseja que dancem, mas é preocupante que essa escritora, que em grande parte de sua obra nunca menciona escritores negros (observe que o poeta negro a que ela se refere não tem nome), consiga usar uma analogia que implica que escritores negros que escrevem sobre racismo não são escritores "reais" e que talvez o racismo não seja uma questão real, uma questão séria. Obviamente, é irônico que Sontag esteja dando sua palestra em Jerusalém, um lugar onde as políticas de supremacia branca, imperialismo e colonialismo continuam ditando as regras. Ao ler suas palavras neste novo milênio, fico chocada com o uso que ela faz desse poeta negro anônimo, que não tem gênero nem nome — apenas uma identificação racializada. Poucos parágrafos depois, ela cita Roland Barthes: ele não é um "homem branco europeu", ele é um escritor com nome; no entanto, os comentários citados por ela não são mais substanciais do que as palavras do escritor negro anônimo.

Meu povo, meu povo: aqui estamos, no novo milênio, e devemos lutar por nosso direito de nos tornarmos — e sermos vistos como — escritores e pensadores sérios. Ainda estamos lutando para que nossas palavras sejam levadas em consideração, não importa nosso tema. Ainda assim, estamos lutando para não sermos rebaixados, para não sermos considerados medíocres quando escrevemos sobre raça e racismo. Quando leio as palavras de Sontag, imagino quem são os escritores negros que ela lê e leva a sério, especialmente os escritores de não ficção. Muitos dos leitores brancos que conheço não leem escritores negros ou, quando o fazem, leem romances. Ainda estamos vivendo em um mundo que não valoriza significativamente o trabalho de escritores negros, ou que só pode levar nossas palavras a sério se nos despirmos de qualquer consciência racial, se escrevermos pela perspectiva considerada universal.

Muitos leitores negros e outros não negros não optam por procurar o trabalho de escritores negros. Observe quantas vezes você leu um escritor branco, de qualquer gênero, falar sobre quais trabalhos significaram muito para ele, e perceba que quase nunca um escritor negro é mencionado. Ainda precisamos ler um bocado sobre a negritude. Há muita coisa que precisamos ouvir das pessoas negras sobre todos os assuntos imagináveis. Tudo o que precisamos ler e escrever não necessariamente preencherá um livro que trará grandes cifras em vendas. Precisamos estar atentos a todo o trabalho que ainda não está disponível para nós — livros para adolescentes, mais livros de memórias que digam a verdade, biografias de escritores e outras pessoas que demoram a chegar ao conhecimento do público, de Audre Lorde, de Pat Parker, de Essex Hemphill, de Marlon Riggs.

Em nossas leituras e escritos, devemos nos recusar a fazer as pazes com a mediocridade. Devemos exigir excelência. Baldwin nos diz, de modo profético:

> A esta altura, já deveríamos estar cientes de que uma coisa é derrubar um ditador ou repelir um invasor e outra completamente diferente é levar a efeito uma revolução. Por um número de vezes sem conta, as pessoas descobrem que não fizeram senão entregar-se entre as mãos de outro Faraó, que [...] disso se aproveita para não as deixar partir.

Sejamos sempre vigilantes como leitores e escritores. Reconheçamos, como Baldwin, que estamos vivendo "em uma era de revolução". Pense em todos os livros sobre todos os assuntos relacionados à experiência negra que você deseja e precisa ler. Pense no que significa para nós não ter apenas um livro sobre um assunto relevante para nossa vida, escrito por um escritor, mas ter muitos livros com diversas perspectivas sobre o mesmo assunto. Se quisermos fazer parte de uma revolução, se quisermos resistir à tirania da mediocridade, devemos ver a excelência — o empenho pela excelência em nossas leituras e escritas — como resistência política essencial.

14.
autodeterminação negra

O foco atual em pensadores e intelectuais públicos negros levou muitas pessoas a especular se estávamos vendo um ressurgimento da visão de W.E.B. Du Bois sobre um décimo talentoso,[28] que ele inicialmente definiu como "liderança da raça negra nos Estados Unidos, exercida por poucos treinados". No entanto, os pensadores contemporâneos não chamam atenção para seu discurso memorial (publicado no *Boulé Journal* em 15 de outubro de 1948), no qual Du Bois criticou sua visão anterior sobre o décimo talentoso. Nesse discurso, ele reconhece que, quando sugeriu a necessidade de um grupo habilidoso que fosse a ponta de lança do aprimoramento da raça,[29] ele simplesmente

28. No original, *talented tenth*, termo que designava uma classe de liderança de afro-estadunidenses no início do século xx. A expressão foi criada por filantropos do norte dos Estados Unidos e logo divulgada por W.E.B. Du Bois em um influente ensaio de mesmo nome, publicado em setembro de 1903. Du Bois usou o termo "o décimo talentoso" para descrever a probabilidade de um em cada dez homens negros se tornar líder de sua raça no mundo, por meio de métodos como educação continuada, escrita de livros ou envolvimento direto nos processos de transformação social. [N.T.]

29. A ideologia de "aprimoramento da raça" surgiu nos Estados Unidos entre o fim do século xix e o início do xx, partindo de uma classe média negra que acreditava no autoaperfeiçoamento como forma de se "igualar" aos imaginou que esses indivíduos estariam comprometidos com o bem-estar coletivo das pessoas negras, que usariam seus talentos para o benefício de todos.

> Imaginei que, com o conhecimento, o sacrifício se seguiria automaticamente. Na minha juventude e idealismo, não percebi que o egoísmo é mais natural do que o sacrifício. [...] Quando saí da faculdade para o mundo do trabalho, percebi que era bem possível que meu plano de treinar um décimo talentoso pudesse pôr no controle e no poder um grupo de homens egoístas, autoindulgentes e abastados, cujo interesse básico em resolver o problema das pessoas negras era pessoal; liberdade pessoal, gozo e uso desimpedido do mundo, sem nenhum cuidado real, ou certamente nenhum cuidado estimulante, em relação ao destino da massa de negros estadunidenses, ou da massa de qualquer povo.

Essa poderosa declaração feita em 1948 descreve de maneira impressionante e profética o atual relacionamento do "décimo talentoso" negro de hoje com as massas de pessoas negras. De fato, não se pode simplesmente evocar a expressão *gênio negro* e supor que exista uma correlação direta entre pessoas negras na diáspora com capacidade intelectual excepcional e esforços libertadores para criar um contexto cultural local ou global que afirme e sustente a autodeterminação coletiva negra. De modo significativo, a palavra *gênio* também significa

brancos e que tomou para si a responsabilidade de desenvolver instituições para que as massas negras pudessem aprimorar sua cultura e educação, buscando uma respeitabilidade que acreditavam que enfraqueceria o racismo. [N.E.]

"alguém que influencia fortemente para o bem ou para o mal o caráter, a conduta ou o destino de uma pessoa, lugar ou coisa". Com bastante frequência, o gênio negro nos Estados Unidos tem pouco ou nenhum contato com massas de pessoas negras. Isso é especialmente verdadeiro se esse gênio tiver sido educado em instituições predominantemente brancas. Embora indivíduos cujos talentos tenham sido desenvolvidos nesses ambientes possam escolher ativamente, como um ato insurgente de resistência, direcionar seu trabalho para massas de pessoas negras, isso raramente acontece, sobretudo porque os mecanismos de recompensa — reconhecimento, status ou ganho monetário — permanecem mais altos para aqueles que dão as costas às massas. Com essa afirmação, não pretendo sugerir que pessoas negras treinadas em instituições negras sejam inerentemente mais inclinadas a direcionar seu trabalho à autodeterminação negra.

Não importa se predominantemente brancas ou negras, as instituições acadêmicas são, por natureza e direcionamento, estruturalmente conservadoras. Sua principal função é produzir uma classe gerencial profissional que servirá aos interesses do status quo social e político existente. As ideologias do patriarcado imperialista capitalista supremacista branco formam, nos Estados Unidos, os princípios fundadores da cultura e dos modos de pensar e de ser que são ensinados por meio da socialização em massa em instituições educacionais; deveria ser evidente, portanto, que as preocupações fundamentais da academia em geral estão em desacordo com qualquer esforço para afirmar a autodeterminação negra.

Atualmente, a grande maioria dos acadêmicos, escritores e/ou pensadores críticos negros, ao lançar seu trabalho para um público predominantemente branco ou negro (ou alguma combinação de raça), não escolhem ser uma voz dissidente que desafia o patriarcado supremacista branco capitalista imperialista. Nos casos em que um indivíduo começa a escrever com a esperança de que o trabalho para o qual contribui o torne famoso e/ou produza um enorme lucro monetário, essa base egoísta impedirá de saída a identificação com uma preocupação com a autodeterminação negra ou o bem-estar das massas de pessoas negras. É mais provável que a identificação deles com a negritude penda para a solidariedade com pessoas negras que compartilham suas aspirações de mobilidade ascendente de classe. De fato, se voltarmos à crítica de Du Bois à visão de um décimo talentoso negro, à solidariedade do gênio negro, é evidente que ele começou a perceber que os desejos de mobilidade ascendente individual dentro da estrutura de classes existente nesta sociedade, especialmente associados a lucros e status, significariam, em última análise, que as aspirações de classe desse grupo gerencial profissional os levariam a trair os interesses das massas negras.

Mais do que nunca em nossa história política, pessoas negras nos Estados Unidos confundem esforços reformistas por direitos civis e equidade com agendas de descolonização e libertação. Embora as reformas sejam importantes, não constituem intervenções radicais destinadas a transformar a sociedade de modo a garantir o bem-estar coletivo das massas de pessoas negras. Não nos deixemos enganar: o capitalismo negro não é autodeterminação negra. Nos últimos dez anos, testemunhamos uma mercantilização sem precedentes da "negritude" em relação aos discursos acadêmicos e/ou populares sobre raça e cultura. Na frente acadêmica, na qual o interesse das forças de mercado converge com os crescentes interesses culturais predominantes na leitura sobre a negritude, há uma infusão contínua de obras de escritores negros que, no entanto, estão quase inteiramente divorciadas de qualquer esforço coletivo para inflamar massas de pessoas negras.

Pessoas negras que chegaram ao poder na academia ou fora dela como intermediários culturais da "negritude" e não vincularam seu trabalho a nenhum esforço para melhorar o bem-estar das massas negras podem fazê-lo precisamente porque não existe uma rede de responsabilização que examine de maneira crítica o impacto desse trabalho. Com frequência, esses indivíduos ativamente policiam e procuram deslegitimar e silenciar gênios negros dissidentes, que afirmam a autodeterminação negra e constantemente se opõem ao patriarcado supremacista branco capitalista imperialista. Na minha própria experiência usando a mídia convencional, pessoas negras com talento e genialidade foram mais explícitas do que qualquer outro grupo na desvalorização do meu trabalho. (Por exemplo, Stanley Crouch se referiu a mim como uma "terrier com atitude"; Adolph Reed me descreveu no jornal independente *The Village Voice* como "pouco mais do que [uma] vigarista"; e o insulto mais cruel veio da minha colega Michele Wallace — nenhum desses indivíduos se referiu ao conteúdo dos meus livros.) Não pode haver discussão significativa sobre o gênio negro em relação à autodeterminação negra sem o reconhecimento de diferenças de interesses políticos e sociais que nos põem em conflito uns com os outros e/ou do modo como uma ética de competição pode nos levar a desvalorizar o trabalho uns dos outros, mesmo que politicamente não divirjamos.

Ao mesmo tempo, a mentalidade patriarcal da cultura como um todo conspira com a intencionalidade de homens patriarcais que buscam manter uma linhagem de gênio intelectual que sempre faz parecer que os homens foram os visionários políticos mais importantes. Um exemplo: o texto escrito para uma série da emissora de televisão PBS sobre gênios negros evoca um contínuo de pessoas exclusivamente do sexo masculino, declarando: "Du Bois encontrará Garvey aqui", ou que o gênio negro está presente "na [relação] mãe/filho, e está em Mandela". Enquanto a linhagem histórica do gênio negro visível em relação a discursos radicais de colonialismo e da supremacia branca era primariamente, se não exclusivamente, masculina, esse não é mais o caso. Em nossos tempos, algumas das críticas mais radicais ao patriarcado supremacista branco capitalista imperialista estão emergindo de mulheres negras cujo trabalho é consistentemente desvalorizado e/ou invisibilizado (trabalhos como os de Lorraine Hansberry, Audre Lorde, Toni Cade Bambara, por exemplo). Em geral, os trabalhos de pensadoras negras visionárias contemporâneas são mais radicais precisamente porque incluem uma crítica ao patriarcado ao mesmo tempo que insistem em uma união entre teoria e prática que privilegia a experiência como o local em que mudanças e transformações são registradas.

Quero concluir essas observações dando como exemplo um trabalho que finalizei e que tinha como objetivo a melhoria do bem-estar coletivo das pessoas negras e a proposição de estratégias alternativas para curar a dor em nossa vida cotidiana. Primeiro, gostaria de falar sobre o processo por meio do qual escolhi escrever e publicar o livro *Sisters of the Yam: Black Women and Self-Recovery* [Irmãs do inhame: mulheres negras e autorrecuperação]. Ficou cada vez mais nítido para mim que grande parte da teoria feminista a partir da qual eu escrevia, uma perspectiva que incluía raça, sexo e classe, não estava chegando a um número suficiente de leitores não acadêmicos e, principalmente, de pessoas negras. Quando olhei para os tipos de livros que tinham um apelo mais amplo e convidativo, ficou logo evidente que, em geral, os livros de autoajuda, mesmo aqueles escritos primordialmente para um público branco, atraíam muitas leitoras negras. Como eu tinha a intenção séria de querer compartilhar com um público amplo de mulheres negras o conhecimento que achava ter descoberto e havia me ajudado no meu processo de descolonização e autorrealização, escolhi incorporar esse pensamento em um livro de autoajuda.

Em conformidade com as observações anteriores, deixe-me declarar que colegas acadêmicos de todas as raças me aconselharam a não escrever um livro desse tipo, sugerindo que contribuiria ainda mais para minha deslegitimação como acadêmica/intelectual. É por isso que enfatizo que devemos escolher o tempo todo se vamos direcionar nosso trabalho para o empoderamento do público negro mais amplo, reconhecendo que nossa escolha é política e terá consequências. De fato, eu sugeriria que pensadores negros e negras que tentam falar com massas de pessoas, sobretudo para promover a autodeterminação negra, sem dúvida estão arriscando ser ridicularizados e deslegitimados. Quando procurei pela primeira vez uma editora para aquele livro, me disseram que não estava claro qual seria o público, que mulheres negras não compravam esse tipo de livro. (Embora ninguém pudesse me dar um exemplo concreto de um livro como esse que não fora um sucesso.) Não puderam fazê-lo porque livros de autoajuda em geral não são associados à política e, certamente, não chamam atenção para a maneira como os sistemas de dominação (por exemplo, o patriarcado supremacista branco capitalista imperialista) criam o contexto para a doença mental. Como ninguém no processo de publicação (exceto eu) se sentia confiante de que havia um público para o livro, recebi um adiantamento relativamente pequeno para escrevê-lo. Apesar de poucas críticas e da pouca atenção dada pela grande imprensa, o livro foi bem-sucedido, logrando tamanho sucesso porque ofereceu estratégias de cura que poderiam ser adotadas na vida cotidiana.

Atualmente, estou escrevendo sobre como o materialismo hedonista cria uma dor imensa no cotidiano de afro-estadunidenses de todas as classes. Muito do estresse na vida cotidiana é causado por constantes sentimentos de escassez, criados pela ausência de abundância material, e anseios não concretizados, estimulados por fantasias de riqueza e privilégio. Nesse sentido, quando pessoas negras de diferentes classes sociais nos comprometemos a viver de maneira simples para aliviar o estresse causado pelo implacável desejo hedonista de objetos materiais (ou seja, objetos que não são necessários para a sobrevivência e para o bem-estar essencial), podemos encontrar uma sensação de paz e bem-estar. Para aqueles de nós que são materialmente privilegiados, mas passam a vida em descontentamento porque estão apenas consumindo e acumulando incessantemente e, muitas vezes, divulgando a mensagem para pessoas negras menos privilegiadas de que sua vida não tem sentido se não tiverem a liberdade de satisfazer desejos hedonistas por bens materiais, deveria ser igualmente significativo viver com simplicidade, redistribuir seus recursos, envolver-se com uma filantropia que aprimore o bem-estar coletivo das comunidades negras.

Muitas pessoas negras têm uma vida simples porque não têm acesso à abundância material. Em vez de verem essa experiência de modo de vida mais simples como um gesto de existência interconectada que lhes permite viver em maior harmonia com as massas de pessoas do planeta, elas passam seus dias em angústia mental devido à incapacidade de satisfazer anseios materiais hedonistas. Se estudarmos a vida das pessoas negras do sul que tiveram uma vida boa durante os períodos de depressão econômica, veremos que tiveram uma vida de bem-estar duradouro porque estavam comprometidas em viver de maneira simples (por exemplo, comendo alimentos saudáveis cultivados por elas mesmas) e se apegavam a tradições espirituais que enfatizavam valores éticos (integridade da palavra proferida, ação correta e meios de sustento) em detrimento de fantasias de materialismo hedonista.

A adoção de uma estratégia para viver o cotidiano de modo mais simples, independentemente do nível de privilégio material, permitiria que as massas de pessoas negras eliminassem o sofrimento desnecessário causado pelo implacável desejo de excessos materiais. Se massas de pessoas negras adotassem a filosofia de viver de modo mais simples como um meio para combater alguns dos abusos genocidas promovidos pelo patriarcado supremacista branco capitalista imperialista em nossa vida, estaríamos também unindo nossa luta à da maioria das pessoas do planeta que são vitimadas de forma grave e diária pelos excessos materiais da sociedade. Existe um adesivo que diz "viva de modo simples para que outros possam simplesmente viver". Quando feita como decisão política, a escolha de adotar um modo de vida mais simples pode libertar e elevar nosso bem-estar coletivo, curando e aliviando parte da dor da vida cotidiana.

15.
para acabar com o racismo: o trabalho de transformação

Tenho muita sorte de ter nascido no início dos anos 1950, pois pude testemunhar em primeira mão, durante a infância, o apartheid racial e aquele período da história do nosso país no qual papéis de gênero machistas foram reinscritos, bem como a maravilhosa revolução cultural em nossa sociedade criada pelos movimentos feminista e dos direitos civis. Passei da infância para a juventude em uma época em que o nosso país estava em transição — rompendo com padrões de dominação e com o colonialismo racializado que caracterizaram a conquista e o terrorismo contra os povos indígenas nativos e, posteriormente, contra seus correspondentes oriundos do continente africano. Rebelião, revolução; a vontade de me transformar e exigir transformação dentro do país e da cultura em que me sinto mais em casa é meu direito inato, o legado dos tempos em que nasci e em que me tornei uma mulher adulta. Embora existam muitas maneiras de aprender, muitas epistemologias (modos de conhecimento), todos sabemos que a experiência aliada à conscientização e a reflexões críticas sobre o que está acontecendo ao nosso redor e por que está acontecendo é uma das grandes professoras da vida. Ter sido criada durante o período do apartheid legalmente sancionado no nosso país — quando tantos direitos nos eram negados com base na cor de nossa pele, ficar diante de lojas em que não nos permitiriam entrar, ver o fechamento de nossas amadas escolas negras e embarcar nas primeiras horas da manhã em ônibus que nos levavam para longe do mundo que nos era mais familiar, rumo a um mundo estranho e terrivelmente racista, onde seríamos sempre tratados como cidadãos de segunda classe, nunca iguais às demais crianças brancas que eram nossas colegas e, às vezes, em raras ocasiões, aliadas e amigas — era conhecer em primeira mão a angústia e a dor, o medo e a subordinação. Mas era também conhecer em primeira mão a doçura da solidariedade, da luta, da resistência. Ter vivido nos anos 1950, quando a violência contra mulheres e crianças que vi em nossas comunidades passava despercebida e era negligenciada, saber que as mulheres ficavam com homens porque não conseguiam emprego, contas bancárias, nem cartões de crédito — tudo isso foi o modo por meio do qual aprendi sobre machismo e patriarcado. Viver para ver uma mudança séria, fazer parte da luta pela justiça racial e de gênero e ver mudanças profundas me deram uma base de esperança que sustenta e fortalece meu ativismo.

Infelizmente, antes do início dos movimentos pelos direitos civis e feministas contemporâneos, a guerra, mais do que qualquer outra força cultural, produziu construções sociais mais complexas acerca dos papéis e da identidade da mulher em relação ao trabalho e à sexualidade. Soldados negros que se distanciaram das identidades e fronteiras estreitas que os confinavam nos Estados Unidos trouxeram, na volta de sua jornada, um novo senso de si mesmos e de seus direitos. Chegaram em casa acreditando que, se poderiam lutar e morrer por direitos humanos e liberdade em terras estrangeiras, então mereciam esses direitos aqui também; mereciam ser livres.

Meu pai lutou em uma infantaria totalmente negra na Segunda Guerra Mundial. Na parede de nossa casa, havia uma foto dele e de sua tropa e, no meio, um rosto branco, o do homem no comando, o homem do alto escalão; homens negros podiam lutar por seu país, mas não podiam liderar outros homens na guerra. Assim como meu pai foi informado de que os homens negros não tinham cérebro e habilidades para serem *quarterbacks* no futebol americano, também foi informado de que não tinham cérebro e habilidades para conduzir soldados em combate, mapear estratégias e direcionar movimentos. Meu pai, como muitos outros homens negros, voltou da guerra silencioso e amargo, acreditando que era melhor não falar sobre a segregação racial e o tratamento atroz destinado aos soldados negros por parte de seus colegas brancos. Chegou em casa amargo devido às condições de vida neste país. Chegou em casa pensando nos soldados como seres desumanizados, capazes de todo tipo de crueldade. Ele não queria falar sobre o tempo que ficou longe. Não queria mostrar seu passaporte nem contar histórias sobre as terras estrangeiras que havia visitado. Não queria se lembrar. Sua única homenagem àquela época de sua vida foi pendurar uma foto — ele e sua infantaria —, um conjunto de rostos negros jovens.

Por ter testemunhado a profunda revolução cultural em nosso país à medida que ocorriam as mudanças que tornaram mais comum a justiça racial e de gênero, mais uma realidade do que simplesmente um sonho, não posso perder a esperança, embora seja evidente que somos uma nação que renega diariamente sua promessa de acabar com o racismo e a supremacia branca, que espolia diariamente mulheres de seus direitos igualitários conquistados com tanto esforço. Por mais que sejamos, em teoria, uma nação que fala sobre democracia com orgulho, uma nação na qual muitos cidadãos gostam de sentir que há liberdade e justiça para todos, somos essencialmente muito mais uma nação que consagrou padrões duradouros de desigualdade injusta e corrupta. A mesma ganância por progresso material que caracterizou a jornada de Colombo ao chamado novo mundo, o massacre e a colonização de muitos povos indígenas para que a Europa pudesse expandir seu poder, ameaça tirar a vida de pessoas de cor em nosso país, em particular a de pessoas negras. Pessoas de cor/negras esclarecidas agora sabem muito mais do que nossos ancestrais sobre como a ganância e o desejo de poucos em estabelecer e manter um sistema econômico injusto e desigual estavam no centro da conquista dos povos nativos, da escravidão de pessoas africanas e da servidão forçada de brancos pobres; a cultura de dominação nos Estados Unidos nunca se restringiu simplesmente a xenofobia ou supremacia branca.

Durante algum tempo na história do nosso país, houve uma coexistência da ganância e de visões de justiça e liberdade para todos. Essas visões progressistas, que foram e são o batimento cardíaco da democracia, forneceram um sistema de crenças, moral e valores que serviram de base para intervenções críticas que levaram à formação de uma cultura de resistência que desafiou e combateu a dominação, a exploração e a opressão. Esse espírito de resistência tem sido o alicerce de todos os movimentos pela justiça social em nossa sociedade, bem como a base da nossa esperança em meio ao sofrimento. Apesar do legado de luta, do compromisso com a liberdade e a justiça, estamos testemunhando, neste momento, uma tentativa consolidada por parte de forças de dominação aliadas — o que muitos de nós chamamos reiterada e corajosamente de patriarcado suprema-cista branco capitalista imperialista — de matar esse espírito de resistência e, no processo, criar uma cultura sem esperança, uma cultura convicta de que o materialismo é tudo o que importa e de que a política da ganância é a única base real necessária para dar sentido à vida. Essa cultura é um terreno fértil para o fascismo. Neste exato momento, estamos testemunhando globalmente um ressurgimento da supremacia branca, do nazismo, de todo tipo de holocausto promovido em nome da pureza racial e étnica.

No passado, entre os cidadãos dos Estados Unidos, a von-tade de resistir à injustiça surgiu com maior frequência entre os indivíduos cujas crenças religiosas formavam a base de seu ativismo, permitindo-lhes resistir e desafiar corajosamente o racismo, o materialismo, o machismo e a homofobia. Quando olhamos para a história dos direitos civis e da luta pela liber-tação negra, é evidente que a grande maioria de nossos líderes e ativistas visionários, famosos ou desconhecidos, encontrou forças para lutar no âmbito dos esforços para incorporar na teoria e na prática os princípios da fé espiritual enraizados no amor e na vontade de acabar com a dominação (para Martin Luther King e Septima Clark, essa fé era o cristianismo; para Malcolm X, era o islã; e, entre nossos aliados brancos de luta, a fé cristã e judaica intensificou as preocupações políticas com a justiça). Hoje, esse raramente é o caso. De fato, quanto mais progressista a visão política de uma pessoa em nossa sociedade, maior a probabilidade de ela ser agnóstica ou ateia. A grande maioria das pessoas progressistas que acreditam em deus e/ou em um poder mais elevado de modo algum vincula suas crenças à tradição e ao ritual religioso organizado.

A religião, e em particular o fundamentalismo, é uma das principais ferramentas usadas por indivíduos conservadores que desejam perpetuar e fortalecer o patriarcado supremacista branco capitalista imperialista. As vozes religiosas progressistas radicais não são tão unificadas quanto a direita religiosa. A direita reuniu os serviços da grande mídia para enviar globalmente sua mensagem. Independentemente de cor, os evangelistas da televisão compartilham perspectivas conservadoras. De modo irônico, enquanto a espiritualidade da nova era, completada pela revisão política atualizada de gênero, está em ascensão, os gurus populares dizem pouco ou nada sobre a eliminação do racismo e do machismo. E grande parte dos escritos valoriza a prosperidade de maneira a torná-la sinônimo de riqueza e bem-estar. Entre os jovens de todo o país, o pensamento religioso fundamentalista — proveniente do cristianismo, do islamismo, do budismo ou de outras religiões — tem se tornado mais atraente porque oferece diretrizes absolutas que prometem estabilidade em um mundo onde tudo está sempre em constante mudança. Em uma pequena faculdade de artes de afiliação religiosa cristã, os jovens estudantes brancos dizem que, "se apenas aceitássemos que somos todos um em Cristo", o racismo não existiria. Em um painel de hip-hop com famosos jovens artistas negros, um deus patriarcal do Velho Testamento, da disciplina e da punição é evocado como o juiz e árbitro final do comportamento humano — e pouca atenção é dada à responsabilidade individual pelas escolhas morais e éticas. Ambos os grupos são tenazmente homofóbicos e usam o cristianismo para justificar seus sentimentos contra gays. O pensamento religioso fundamentalista reforça praticamente todos os principais atos de terrorismo racial que testemunhamos nos últimos anos nesta sociedade e grande parte do terrorismo racial precedente. Crenças religiosas progressistas que exaltam as virtudes da compaixão, uma ética do amor e o compartilhamento de recursos são necessárias para que possamos reacender um espírito de resistência que sempre desafia e se opõe à dominação. A esquerda religiosa radical precisa se unir e criar uma voz pública para si mesma.

A religião é o meio em que muitas pessoas aprendem o dualismo metafísico ocidental — a noção de mundo dividida entre o bom e o mau, o escolhido e o não escolhido, o digno e o indigno, os negros e os brancos —, isto é, o fundamento filosófico da supremacia branca e outras formas de dominação. Enquanto esse pensamento servir de base para o modo como a maioria das pessoas pensa a vida (em binarismos puros), será impossível erradicar o racismo. O patriarcado supremacista branco capitalista imperialista prospera no cerne do pensamento dualista que é a base de todos os sistemas de dominação.

Em todo o meu trabalho, enfatizo que é mais útil para todos — sobretudo para pessoas negras/de cor — pensar em supremacia branca em vez de racismo, porque geralmente associamos o racismo a atos de agressão explicitamente discriminatórios por parte de brancos contra pessoas negras, ao passo que a supremacia branca trata dos fundamentos ideológicos e filosóficos do racismo. A expressão abrange os sentimentos contra negros nutridos por muitas pessoas negras, isto é, o chamado racismo internalizado. Por exemplo: a mãe negra que ensina aos filhos que eles são bonitos apenas se tiverem a pele clara e os cabelos lisos não está empenhada em um ato discriminatório, mas está perpetuando a supremacia branca. Está atacando a autoestima dos filhos e, assim, preparando-os para a vitimização. Permitam-me enfatizar que essa mesma mãe pode ficar totalmente indignada se os brancos tentarem discriminar seu filho por causa da cor.

Nada minou mais o poder de autodeterminação das pessoas negras do que a autoestima negativa. Muitas pessoas negras criadas no sul durante o apartheid e sob condições materialmente carentes (incluindo pobreza profunda) desenvolveram uma autoestima saudável e foram capazes de alterar o próprio destino — seja em relação à saúde mental, seja em relação a condições materiais — graças a uma sólida base de "amor à negritude". A ausência de imagens negras na mídia patriarcal supremacista branca capitalista pré-1960 foi, por um lado, um sinal da persistência da discriminação racial e do apartheid, mas, por outro lado, significava também que pessoas negras não eram bombardeadas diariamente com representações racistas negativas. A integração racial estrutural sem uma transformação basilar do pensamento e dos valores da supremacia branca significou tão somente que pessoas negras, embora "integradas" em várias arenas da vida dominante ao longo do tempo, eram e ainda são vistas como inferiores. A maioria dos estadunidenses brancos não vive em bairros com pessoas negras, não trabalha com um grande número de pessoas como nós, não frequenta igrejas, tampouco escolas predominantemente negras etc. O mercado imobiliário continua a ser um negócio tão informado pela política da supremacia branca a ponto de garantir a continuação de um apartheid racial *ipso facto*. Até hoje, nosso sistema jurídico torna tão difícil provar que há discriminação racial no âmbito imobiliário que raramente alguém se dá ao trabalho de questionar as muitas ocasiões em que ela ocorre. E mais: parte do motivo pelo qual esse questionamento não ocorre se deve ao profundo medo que pessoas negras têm do terrorismo e da violência racial brancos. Afinal, não se tem notícia de incidentes em que pessoas negras tenham bombardeado prédios para assassinar crianças brancas inocentes ou qualquer outra pessoa. Agora, os estereótipos que reforçam essas crenças não correspondem à vida e aos pensamentos reais de pessoas negras, mas há uma correspondência total entre o que transmitem e as imagens gerais de pessoas negras nos grandes meios de comunicação.

Em outros trabalhos, escrevi abundantemente sobre como o apartheid racial legalizado criou um contexto cultural em que as comunidades negras foram condicionadas, por circunstâncias de exploração e opressão, a questionar imagens da mídia. Esse questionamento crítico agudo começou a cessar quando a grande mídia se tornou mais racialmente integrada, apesar de muitas das imagens retratadas serem mais profundamente racistas e estereotipadas do que aquelas do filme de propaganda supremacista branca *O Nascimento de uma Nação*. O fracasso das pessoas negras em permanecer coletivamente vigilantes em relação à maneira como somos representados na mídia de massa resultou em cooperação com a supremacia branca. A grande maioria das imagens reforça os estereótipos convencionais ou a noção de que pessoas negras só são boas quando atendem aos interesses dos brancos — na condição de mãe preta, trabalhadora doméstica, prostituta ou boa coadjuvante. Quando há imagens radicalmente novas que desafiam os estereótipos convencionais, elas tendem a ser tão poucas e distantes entre si que não intervêm com sucesso no status quo racista.

Ora, decerto o racismo branco não pode ser visto como o único fator da produção de imagens de pessoas negras nos meios de comunicação de massa que reforça a supremacia branca, pois essas imagens não poderiam existir sem a cooperação de negros e negras que desempenham tais papéis nesses ambientes. Para entender a cumplicidade negra, precisamos destacar a ligação entre o capitalismo da supremacia branca e as políticas da ganância. Em outro trabalho, escrevi sobre o enorme pesar e desespero sentido pelas pessoas negras com o assassináto de grandes líderes em prol dos direitos civis. O desespero psicológico causado pela ideia de que o racismo nunca terminaria, de que a justiça não poderia triunfar, de que os brancos não renunciariam à supremacia branca e ao racismo foi um terreno fértil para o niilismo. É evidente que devemos rejeitar qualquer análise da vida negra nos Estados Unidos que nos faça acreditar que o pensamento niilista é apenas resultado da pobreza. Durante os anos mais pobres de depressão econômica neste país, as pessoas negras não eram niilistas. A pobreza por si só, por mais extrema que seja, não leva ao niilismo. Em muitos dos países mais pobres do mundo, as crianças têm melhor autoestima do que aquelas em sociedades mais abastadas economicamente.

A depressão psicológica é uma consequência do abuso racista traumático, associado ao desespero quanto à possibilidade de desafiar e transformar o racismo, o que acabou perturbando a psique coletiva das pessoas negras estadunidenses. Nosso espírito de resistência, outrora alimentado pela esperança, por uma ética de amor enraizada na compaixão e no perdão, transformou-se, no final dos anos 1960, em uma energia moldada por homens negros patriarcais militaristas, muitos dos quais possuíam uma autoestima patologicamente baixa e proclamavam a violência e a coerção como o melhor meio para a mudança. Esse momento resultou então no declínio de uma luta pelos direitos civis por justiça baseada em valores humanitários, que, por sua vez, acabou diminuindo o moral. Quando as afirmações de força foram recebidas com ainda mais força (o assassinato de King, Malcolm X, a destruição do Partido dos Panteras Negras), a mensagem que as comunidades negras receberam foi de que a justiça nunca seria uma realidade.

Esses eventos deixaram massas de pessoas negras com duas opções: desespero ou conluio com a estrutura social existente. A depressão e o desespero prepararam o cenário para o vício generalizado. O vício, por sua vez, trouxe para as comunidades negras uma economia de drogas baseada na ganância, corroborando com a desumanização e a violência. Ele criou o contexto para a fuga de negros materialmente privilegiados. As comunidades predominantemente negras nos Estados Unidos eram compostas por diversas classes, e, antes da recente integração racial nos mercados imobiliários, um número maior de pessoas negras ricas vivia em comunidades negras. Estilos de vida e hábitos burgueses ditavam os padrões. A educação era valorizada como o principal veículo de ascensão racial. Depois que a economia de drogas e a falta de oportunidades de emprego (os desempregados são mais propensos à depressão, pois têm mais tempo livre etc.) transformaram comunidades em zonas de guerra, restaram apenas a classe baixa e a classe trabalhadora de baixa renda. As comunidades negras que antes eram bairros seguros passaram a ser consideradas inseguras. Como nação, como pensadores negros, ainda temos de produzir um grande conjunto de trabalhos que examinem e desafiem o impacto do vício generalizado na desintegração espiritual, física e material das comunidades negras. É um holocausto — prolongado, lento, invisível. E não é causado pela economia ou pela pobreza.

A política da ganância transmite a massas de negros e negras pobres e trabalhadores a aceitação passiva da economia de drogas que impõe grande risco de morte para diversas comunidades negras. Em todo o país, o desespero em relação à possibilidade de que o mundo possa mudar, de que as pessoas possam viver em paz e harmonia e de que haja justiça e liberdade para todos levou muitas pessoas a abraçar a mensagem capitalista consumista de que você é o que você pode comprar — e a de que toda dor pode ser amenizada com a droga adequada, seja o álcool, a heroína, o crack ou as compras. No início dos anos 1980, massas de estadunidenses davam as costas ao sonho americano de democracia e justiça e se voltavam para uma visão sobre a vida na qual o dinheiro é deus, e o consumo, o paraíso.

Muitos líderes negros continuam a agir como se a crise coletiva do povo negro estadunidense pudesse ser resolvida com dinheiro. Em um artigo da revista *Emerge* cujo foco é a presença de acadêmicos negros em Harvard, Henry Louis Gates falou de seu desejo de ver mais pessoas negras entrando na classe média. Nessa afirmação está implícita a noção de que ter mais dinheiro melhora a vida. No entanto, a burguesia negra, bem como integrantes negros da classe dominante abastada, tem sido parte do grupo que mais dá valor a destrutivas castas de cor, desprezando pessoas pobres e promovendo a noção de que você é o que compra (e isso é tudo o que importa). Cada vez mais, a sociedade dominante, principalmente os estadunidenses brancos, dá provas de que a riqueza material por si só não dá sentido à vida. Em nossa sociedade, vícios que ameaçam a vida são tão difundidos entre os grupos com privilégios econômicos quanto entre os pobres, assim como a violência doméstica (incesto, estupro etc.). A diferença é que os grupos privilegiados têm recursos disponíveis — acesso a terapeutas, instituições de serviços de saúde mental, excelente atendimento médico para enfrentar seus dilemas e encontrar o lugar da cura, se assim o desejarem. É importante recusar e resistir ao pensamento patriarcal e capitalista que insiste que a aquisição de maiores somas de dinheiro é a única maneira de melhorar a vida de alguém, pois abraçar essa crença significa que condenamos pessoas pobres a uma vida sem sentido. Mais homens e mulheres negros, pessoas de cor e mulheres brancas estão adentrando a faixa da pobreza todos os dias. Assim, mais pessoas caem no vício para aliviar a dor e a vergonha que sentem devido à pobreza. Uma cultura de vício e dependência gera violência. E, finalmente, essas vidas incorporam o niilismo que a cultura dominante associa aos pobres. Esse niilismo existe entre todas as classes nos Estados Unidos. É consequência direta da desvalorização total da vida humana, do que acontece quando coisas se tornam mais importantes que pessoas.

Se quisermos mudar tanto o destino do nosso país quanto o destino coletivo dos afro-estadunidenses, precisamos nos concentrar primeiro na autodeterminação. Precisamos ter uma visão de mundo fundamentada na crença de que a vida de alguém pode ter valor, independentemente do seu status econômico. Precisamos reafirmar a primazia da comunidade, da conexão e do compartilhamento, e privilegiar modos progressistas de criação que ensinem às crianças negras o amor e a autoestima, garantindo-lhes o bem-estar e a boa vida mais do que qualquer ênfase na aquisição de habilidades para ganhar dinheiro. A autossuficiência econômica é importante e vital. Porém, por si só, não garante saúde nem satisfação. Pessoas negras descolonizadas com autoestima saudável são mais propensas a ter sucesso, seja qual for o empreendimento. Para resistirmos de fato à supremacia branca e ao racismo em todas as suas manifestações, precisamos estar saudáveis psicologicamente. Nossos movimentos para enfrentar de maneira coletiva o racismo internalizado na vida negra fracassaram uma e outra vez também porque os líderes desses movimentos não renunciaram a seu próprio ódio à negritude, à sua lealdade às castas de cor, tampouco à sua adoração à branquitude.

Ao mesmo tempo, não podemos curar a crise na vida negra sem incorporar em nossa luta pela autodeterminação negra a luta pelo fim do machismo e da dominação masculina. A vida familiar (casamentos e parcerias comprometidos) em diversas comunidades negras é prejudicada todos os dias pelo pensamento patriarcal, que torna aceitável a dominação masculina nas formas de violência, terrorismo psicológico, traição e abandono. Adultério, abuso de crianças, estupro conjugal e estupro cometido por conhecidos[30] são expressões do machismo exercido por homens negros. E esse machismo é frequentemente tolerado por mulheres negras que apoiam e adotam o pensamento patriarcal. A violência entre homens negros é uma questão feminista. Os homens negros precisam do pensamento feminista para resistir à lavagem cerebral do pensamento patriarcal supremacista branco que os fez acreditar que ser homem tem a ver com a vontade de ser violento e de coagir outras pessoas.

---

30. *Date rape*, em inglês, expressão que se refere a estupros cometidos por homens com quem a vítima tem — efetiva ou potencialmente — uma relação de cunho romântico ou sexual, ou quando o relacionamento chega ao fim. O criminoso pode se utilizar de intimidação física ou psicológica para forçar a vítima ou ainda ter relações sexuais mesmo se a vítima não for capaz de consentir por estar sob efeito de álcool ou outras substâncias. [N.E.]

Vimos inúmeras vezes que homens e mulheres negros que se opõem ao racismo geralmente apoiam o machismo e a exploração de classe; que mulheres brancas ofendidas pelo machismo ajudam a perpetuar e manter estruturas racistas e supremacistas brancas; que homens brancos progressistas que criticam o capitalismo não desafiam o pensamento nem o comportamento machista e racista. Enquanto qualquer um de nós apoiar qualquer tipo de dominação, manteremos em vigor a estrutura que sustenta o racismo e a supremacia branca. Estes não podem ser efetivamente desafiados e transformados em nossa sociedade até que todos aprendamos a resistir à dominação em suas mais variadas formas. Amar a justiça significa estarmos dispostos a enxergar as maneiras por meio das quais o racismo, o machismo e a exploração de classe se interconectam. Seria bom considerar o aviso de Martin Luther King ao declarar profeticamente em seu discurso "Beyond Vietnam" [Além do Vietnã] que precisávamos de "uma revolução de valores nesta sociedade", enfatizando: "Quando máquinas e computadores, motivos de lucro e direitos de propriedade, são considerados mais importantes que pessoas, os trigêmeos gigantes do racismo, do materialismo e do militarismo" — e aqui eu acrescentaria do machismo — "tornam-se invencíveis". Nossa esperança está no enfrentamento dessas verdades e em nos dedicar a uma visão sobre a vida na qual a liberdade e a justiça para todos não sejam mais um sonho, mas a realidade a ser adotada se quisermos sobreviver, se quisermos que o planeta sobreviva. Somente quando trabalhamos pela mudança é que vemos nitidamente que ela pode acontecer, que nossa vida pode ser transformada, que podemos sempre renovar nossos espíritos e reacender nossa esperança.

16.
escrever além da raça

Minha casa é o único lugar onde não existe raça. De manhã, quando acordo, não olho a imagem do meu rosto no espelho do banheiro e penso que uma mulher negra está lavando o rosto. Observando esse rosto, penso em acne e busco uma espinha nova. Penso em todas as formas em que a acne me acompanhou desde a adolescência até a menopausa, quando ouvi os médicos me dizerem que, "nas mulheres, a acne piora com a idade". A acne não tem raça. Ela ocupa indiscriminadamente o corpo — qualquer pessoa pode ter. Ela rouba a beleza. A beleza é uma pele limpa — sem feridas que doem nem lembretes feios de que tudo é ilusório. Os indivíduos que sofrem de acne são constantemente lembrados de que o corpo não é fixo nem estático. O corpo, como tudo, está sujeito a alterações. E, no entanto, vivemos em uma cultura que fez da raça uma realidade fixa. A raça é sempre identificada com o corpo. Vivemos na economia do corpo como se não houvesse mente, como se a raça, que é uma ideia, fosse tal qual uma marca física vinculativa. E, no entanto, é quando estou em casa, encarando meu corpo, que estou mais livre da raça; é aí que minha mente me oferece libertação.

Para ir além da raça, me enraízo na minha casa. Na casa onde moro, a raça não tem lugar. Assim que eu saio pela porta, a raça está esperando, como um caçador vigilante pronto para me agarrar e me manter imóvel, pronto para lembrar que a escravidão não está apenas no passado, mas paira no aqui agora, pronta para encurralar, segurar e prender. Não é de admirar que eu queira passar a maior parte da minha vida dentro de casa, no santuário do lar, onde não há grilhões nem lembretes constantes de que não há lugar livre de raça.

Afastar-me das imagens produzidas na cultura do patriarcado supremacista branco capitalista imperialista, recusando-me a ligar a televisão e sendo seletiva em relação a outras mídias, protege meu bem-estar emocional. Ao mesmo tempo, notei que a maioria das pessoas — pretas, pardas ou brancas — que não assistem à televisão ou assistem pouco e são conservadoras em relação ao consumo midiático é menos propensa a fazer inferências baseadas em estereótipos negativos. E é muito mais provável que se engaje em discursos e ações conscientes e cuidadosas. Um dos aspectos mais difíceis da vida cotidiana em uma cultura supremacista branca é que em geral as pessoas mais bem-intencionadas, especialmente pessoas brancas não esclarecidas, compartilham pensamentos inapropriados, ou apenas pensamentos supremacistas brancos. Embora a raça não seja um tópico tabu na cultura de hoje, muitas pessoas não conseguem falar sobre raça sem perpetuar pensamentos e ações racistas. Isso mudará somente através de uma educação consciente e crítica que reformule o pensamento e a ação.

Mais do que nunca, as pessoas, sobretudo médicos e profissionais de saúde mental, estão começando a falar de maneira mais aprofundada sobre o estresse e outras questões de saúde ocasionadas ao se lidar diariamente com problemas de raça e/ou com o racismo. Sem dúvida, eu acrescentaria que o fato de viver em uma cultura supremacista branca é, muitas vezes, uma força inconscientemente debilitante para o espírito. Isso não é novidade para a maioria das pessoas negras, já que, desde a escravidão até os dias atuais, sabemos que lidar com a exploração traumática e a opressão com base na raça cria estresse que ameaça a vida, além de doenças concomitantes que surgem em seu rastro. No entanto, considerando essa realidade, é surpreendente e desanimador que tão pouco seja escrito sobre as maneiras por meio das quais podemos criar bem-estar emocional, que é crucial para a saúde, apesar do ethos da cultura dominante.

Um dos meus livros favoritos que não só me ajuda a escrever além da raça mas também a viver bem, apesar da supremacia branca, é *Longevidade emocional: descubra o que realmente determina seu tempo de vida*, de Norman Anderson, publicado em 2003. No inspirador capítulo "Beyond Individual Achievement: Inequality and Race", [Além de conquistas individuais: desigualdade e raça], ele esclarece:

Quase quarenta anos depois do marco da legislação de direitos civis dos anos 1960, raça e etnia ainda são usadas com bastante frequência por muitas pessoas para determinar tudo. [...] Raça e etnia não apenas moldam em grande medida nossas experiências de vida mas também podem ser poderosos indicadores de longevidade. Embora muitas diferenças de saúde e longevidade sejam evidentes entre grupos raciais e étnicos, talvez o exemplo mais chocante seja o da diferença de saúde entre pessoas negras e brancas. Comparadas às pessoas brancas, as negras sofrem taxas mais altas de quase todas as enfermidades, incluindo doenças cardíacas, câncer, diabetes, cirrose hepática e HIV/aids, além de serem as maiores vítimas de homicídio.

Norman Anderson cita a posição socioeconômica como fator que desempenha um papel central na saúde da maioria dos afro-estadunidenses. Ele não analisa os dados que mostram que, mesmo em diferentes classes, mulheres negras apresentam problemas de saúde com risco de morte similares, doenças similares.

A falta de foco nessas questões não diminui o valor de seu trabalho. No geral, trata-se de uma contribuição impressionante para aqueles de nós que desejamos entender como criar uma vida de longevidade e bem-estar emocional significativos. O autor oferece seis dimensões fundamentais que, em conjunto, nos dão chances de viver bem e plenamente: "bem-estar biológico, bem-estar psicológico e comportamental, bem-estar ambiental e social, bem-estar econômico, bem-estar existencial/religioso/espiritual e bem-estar emocional". Ao mesmo tempo que está disposto a identificar o papel autodestrutivo do estresse e de fatores estressantes na vida de todos nós, ele não escreve sobre o estresse específico de viver em uma cultura supremacista branca, que é semelhante e diferente de enfrentar o racismo cotidiano. Com a raça e o racismo, as agressões ao espírito podem vir de fora do eu, mas a supremacia branca ataca de modo perigoso o eu interior se não estivermos criticamente vigilantes.

Nossa incapacidade coletiva de identificar com precisão os espaços nos quais a supremacia branca não prejudica os indivíduos e/ou afeta o bem-estar emocional confirma seu poder velado. Para ir além da raça, precisamos ser seletivos em relação ao espaço social. Por viver em uma comunidade predominantemente branca, onde residem poucas pessoas negras adultas, em geral escolho me isolar em vez de me envolver em um mundo fora de casa, onde não posso me proteger de piadinhas de pessoas que não são ativamente antirracistas. Quando digo aos brancos dessa comunidade que tenho de estar sempre vigilante de forma bastante crítica para garantir que o mundo ao meu redor afirme consistentemente meu valor, eles ficam surpresos. Ao criar um ambiente em que os sistemas de dominação, nesse caso a supremacia branca, não diminuem significativamente a qualidade de vida ou a longevidade emocional, não há chance de eu ou outras pessoas não brancas que fazem escolhas semelhantes hiper-racializarmos a nossa existência e sucumbirmos a enxergar as pessoas negras sempre e somente como vítimas. De fato, um objetivo primário de nossa vigilância crítica é a recusa de ser vítima.

Para recusar a vitimização, devemos exercer o poder de cura da mente. Em seu trabalho sobre descolonização, Ivan Van Sertima insistia continuamente que nossa mente e nossa imaginação foram colonizadas. Essa colonização da mente e da imaginação tem sido uma das principais razões pelas quais muitas pessoas negras permanecem apegadas ao pensamento e à prática da supremacia branca. Existem pouquíssimos textos psicológicos, livros de autoajuda e/ou terapias de saúde mental que ensinem indivíduos negros impotentes, membros das mais diversas classes sociais, a disciplinar a mente. Quando alguém aceita a vitimização, está renunciando ao controle e entregando a mente a um sistema de pensamento e prática que manterá vivo o sofrimento. Quando um indivíduo se vê sempre e apenas como vítima, ele é frequentemente acometido por emoções intensas e poderosas. Em seu livro *A arte da felicidade: um manual para a vida*, Dalai Lama ensina:

> Costumamos aumentar nossa dor e sofrimento sendo excessivamente sensíveis, reagindo com exagero a fatos insignificantes e às

vezes levando as coisas para um lado muito pessoal. Nossa tendência é a de levar fatos ínfimos muito a sério e ampliá-los de modo totalmente desproporcional, ao mesmo tempo que permanecemos indiferentes ao que é realmente importante, àqueles fatos que têm efeitos profundos na nossa vida além de consequências e implicações duradouras.

Quando ponderamos por que tantos jovens negros, muitos oriundos de famílias abastadas, nas quais receberam cuidados emocionais, têm baixa autoestima e hábitos destrutivos, nem precisamos refletir muito. Quando qualquer pessoa negra adota a noção de que o mundo "branco" é um inimigo todo-poderoso constante, ela perde a vontade de viver plenamente. É preciso evidenciar que esse pensamento é um aspecto da supremacia branca. Sem programas mentais que ajudem indivíduos negros a descolonizar e disciplinar a mente, a confusão e o sofrimento psicológicos perdurarão. Sobreviventes do holocausto e de ataques genocidas ao redor do mundo identificaram o papel que a mente pode desempenhar ao nos permitir a autorrealização, a compassividade, o encontro com nossa força interior, com a tranquilidade. Não é por acaso que muitos cidadãos do nosso país buscaram caminhos espirituais diferentes, como o budismo, que nos ensinassem a eliminar estados mentais negativos. O budismo me ajudou a ir além de toda política de culpa. Ele ofereceu um caminho espiritual para o despertar que permite que eu me conecte compassivamente comigo mesma e com outros seres vivos.

O trabalho de Anderson, que honra o incrível legado de sua mãe afro-estadunidense, enfatiza o poder da fé e a importância do legado espiritual. De fato, pessoas negras que foram escravizadas e alcançaram a liberdade encontraram na teologia da libertação uma maneira de estar na presença de um espírito divino que era libertador. É mais do que evidente que, conforme mais pessoas negras perdem suas bases espirituais, acabam experimentando maior desesperança e desespero. Muito antes de os críticos culturais falarem sobre raça como construto social, a espiritualidade já havia ensinado às pessoas negras que éramos mais que nossos corpos, mais que nossas circunstâncias, e que havia um eu transcendente e um poder divino mais forte que a vontade humana. Tais crenças ajudaram muitas pessoas negras a enfrentar o sofrimento sem cair em desespero.

Qualquer pessoa, e especialmente qualquer pessoa negra que busque ir além da raça, pode encontrar na prática espiritual uma saída para as construções feitas pelo homem. Ao longo da história da experiência negra nos Estados Unidos, as pessoas ofereceram testemunhos poderosos sobre o significado da espiritualidade em nossa vida, não como um caminho que nos afasta da realidade, mas como um caminho de consciência que nos permite aceitar e lidar com a realidade. A fé inabalável promove um entendimento otimista acerca da própria experiência, bem como a compaixão pelos outros. Quando somos capazes de sentir empatia de todo o coração, podemos superar todas as distinções artificiais que nos separam e afastam uns dos outros.

Este ensaio começou com uma discussão sobre o lar, pois o lugar onde moramos é o principal foco de resistência na vida do povo negro e de todos os outros grupos de pessoas que são alvo da agressão da supremacia branca. Para viver a prática do antirracismo, não importa a cor da sua pele: você deve ousar fazer de todos os ambientes que você projeta e controla lugares de maximização do seu bem-estar. Embora não seja uma tarefa simples — já que muitas coisas do exterior colidem com tudo o que acontece no nosso interior —, não é impossível. Recentemente me mudei para uma casa antiga restaurada que chamo de cabana de açúcar. A decoração é inspirada na casa da artista mexicana Frida Kahlo, que visitei há alguns anos com a artista afro-estadunidense Emma Amos. Kahlo é um anjo da guarda apropriado para minha casa porque é o símbolo de uma mulher artista, uma mulher de cor dedicada ao seu trabalho, à criação de um legado para si mesma, apesar da dor crônica e da ferida psicológica da traição.

Dentro da minha casa, há arte dos povos de todo o mundo: um Judas vermelho esculpido em madeira que veio da Guatemala, um Jesus negro na cruz que veio do México, mas que comprei em Tampa, numa loja de produtos artesanais importados chamada Milagros, famosa por seus sabonetes artesanais. Como todas as casas antigas que não foram devidamente cuidadas, a cabana de açúcar tem muitas imperfeições e sempre precisa de reparos. Essas imperfeições me lembram que todos nós ficamos aquém em muitos aspectos, que todos falhamos. Aceitar e amar a nós mesmos do jeito que somos é vital para nossa longevidade e bem-estar emocional. Cada vez que abro a porta da frente, cruzando a soleira para entrar na cabana de açúcar, acredito que fortes braços marrons invisíveis estão se abrindo para me receber, para me proteger.

Em casa, naquele espaço além da raça, escrevo. Quando trabalho com palavras, entro em um espaço que está além da raça. E, no entanto, frequentemente a minha escrita que não aborda a raça tem dificuldade de encontrar um público. Em meus primeiros trabalhos, abordei a questão da "linguagem como um lugar de luta". Na cultura do patriarcado supremacista branco capitalista imperialista, não é de surpreender que eu, como mulher negra, tenha que lutar para viver o amor-próprio saudável sem abraçar políticas de identidade limitantes. Vivendo na cultura dominadora, muitas vezes somos capturadas por uma linguagem que nos aprisiona em binários, por opções dualistas e limitantes que não nos permitem reivindicar todos os pedaços de nós mesmas, de nosso coração, em especial os pedaços que não se encaixam em categorias puras. Na meia-idade, tive muitas oportunidades de refletir sobre a maneira como a hiper-racialização da vida de pessoas negras/de cor muitas vezes nos priva de nossa autorrealização e de nossa autoexpressão.

Ao contrário de outros momentos históricos em que estávamos sem voz, agora enfrentamos uma cultura pública de dominação dissimulada, que busca limitar nossa voz e, ao fazê-lo, também limita o escopo de nosso pensamento e influência. Depois de escrever e publicar mais de vinte livros, olhando retrospectivamente para minha carreira de escritora, para meu trabalho como teórica feminista e crítica cultural, posso perceber que a escrita que se move para além da raça é a que recebe pouca atenção. Ao me pôr em categorias que isolam o público leitor em vez de expandir a consciência pública acerca da natureza holística do meu ser, as editoras e o público (mesmo os leitores de bell hooks mais dedicados) negam a complexidade do meu ser e do meu devir.

Enquanto trabalho neste ensaio, noto pela primeira vez os elogios promocionais em um dos meus livros favoritos, *Remembered Rapture: The Writer At Work* [Arrebatamento lembrado: o trabalho de escritora], que terminava com a seguinte afirmação: "Mais uma vez, estes ensaios revelam a intelectualidade ampla e variada de bell hooks — uma escritora universal que se dirige a leitores e escritores em toda parte". Sim. É assim que me vejo, uma escritora apaixonada e com muitas paixões. E é essa perspectiva universal que me inspira a escrever a partir dos vários locais do eu e da identidade que constituem minha vida, que me faz escrever além da raça.

17.
a prática
do amor

No livro *With Open Hands* [Com as mãos abertas], do teólogo Henri Nouwen, há uma seção sobre "Oração e revolução" que termina com a declaração:

> Deus, dai-me a coragem de ser revolucionário, [...] dai-me a coragem de me libertar deste mundo. Ensinai-me a permanecer livre e a não evitar críticas. [...] Libertai-me, tornai-me pobre neste mundo, para que eu seja rico no mundo real, que é o que importa nesta vida. Deus, obrigado pela visão do futuro, mas tornai-o realidade e não apenas teoria.

Em consonância com a insistência de Nouwen de que sempre passemos da teoria à prática, *Escrever além da raça* recebeu o subtítulo *teoria e prática*. Esse subtítulo visa evocar no leitor a consciência de que existe uma prática empírica que será evidenciada pelas ideias e teorias que vêm a seguir. A teoria, então, torna-se um mapa capaz de nos guiar na direção do terreno libertador. Isso vale especialmente para a teoria que visa expandir nossa consciência acerca de como todos somos afetados por viver em uma cultura de dominação governada por uma política do patriarcado supremacista branco capitalista imperialista.

O psicoterapeuta Arno Gruen nos lembra em seu livro *Betrayal of the Self* [A traição do eu] que a dominação, a vontade de exercer poder e controle sobre os outros, é

> antitética à natureza humana e [...] causa não apenas a "traição do eu" mas também quase tudo que é moral e politicamente maléfico ou repreensível no mundo. A busca por poder e controle (e a tendência corolária de supervalorizar o pensamento abstrato) nos desumaniza, causando dissociação interna, negando-nos acesso a impulsos humanos elementares como amor e empatia.

Essa ofensa à psique afeta tanto o dominador quanto o dominado. Contudo, quero me concentrar, em especial, no impacto psíquico da dominação supremacista branca na mente e na imaginação das pessoas negras. É inquestionável que a supremacia branca, como forma sempre constante de dominação em nossa sociedade, exige que as pessoas negras dividam partes de si mesmas para funcionar em uma sociedade que demanda, secreta e abertamente, que seus cidadãos vivam em obediência a crenças e hábitos implícitos que ajudam a manter ficções da diferença racial.

Para viverem uma vida que não seja cúmplice do pensamento e das ações da supremacia branca, as pessoas negras devem escolher a resistência ativa. Para vivermos como pessoas íntegras, devemos permanecer sempre criticamente vigilantes. O dicionário Webster define integridade como "qualidade ou estado de ser completo ou indiviso; completude". Uma maneira simples de entender a integridade é saber que ela está presente quando há coerência entre o que pensamos, dizemos e fazemos. Com muita frequência, a política da supremacia branca e suas noções concomitantes de raça e racismo levam as pessoas negras e todos os demais a reproduzir diariamente hábitos que carecem de integridade. Pensemos nas muitas pessoas brancas que dizem não ser racistas e depois, conscientemente, criam uma vida na qual mantêm pouco ou nenhum contato com pessoas de uma raça diferente. Em uma faculdade aparentemente progressista, onde às vezes leciono, um estudante branco se vangloria abertamente da crença segundo a qual a inteligência de pessoas negras é inferior à dos brancos. Na pequena cidade predominantemente branca onde moro, as pessoas, brancas e negras, dizem que não são racistas, mas depois explicam que são contra o casamento inter-racial. Desde a infância, todos nós somos inundados com o pensamento supremacista branco, não deve surpreender a ninguém que as pessoas negras/de cor compartilhem com pessoas brancas suposições, crenças e preconceitos irracionais baseados em noções estereotipadas de diferença racial.

Como todos os cidadãos desta nação estão sujeitos a alguma forma de doutrinação que nos socializa a adotar, ainda que inconscientemente, aspectos do pensamento e da ação da supremacia branca, por mais relativos que sejam, devemos escolher conscientemente adquirir a consciência crítica necessária que nos fortaleça para pensar e agir de maneira diferente, para resistir. A resistência à supremacia branca, ao racismo, exige constante vigilância crítica, porque em todos os aspectos da nossa sociedade a supremacia branca é normalizada. Portanto, nós (independentemente da identidade racial) só podemos ir além das crenças e das suposições prejudiciais que o racismo nos oferece aplicando estratégias de descolonização, isto é, estratégias destinadas a fortalecer nossa consciência da verdadeira realidade além da dominação e a nos fornecer uma visão de mundo opositiva e libertadora. Mudamos nossa mente e nosso coração ao mudar velhos hábitos e modos de pensar e de ser. A supremacia branca internalizada e o racismo impedem que todos alcancem o bem-estar emocional, e esse é especialmente o caso das pessoas negras que não têm consciência crítica. Enquanto a maioria das pessoas negras estiver emocionalmente incapacitada pelo pensamento supremacista branco internalizado, estarão encurraladas em comportamentos guiados por uma mente dividida e dicotômica que reforça os padrões de estereótipos racistas, mesmo que possam anunciar sentimentos antirracistas.

Embora não seja um tema popular, dado o sucesso de algumas pessoas negras na cultura dominante, o pensamento e o comportamento supremacistas brancos internalizados diariamente atacam a psique de pessoas negras desavisadas, impedindo-as de alcançar o bem-estar máximo. Em especial, a estética supremacista branca, sobretudo no que se refere à imagem corporal, promove no povo negro o cultivo de uma baixa autoestima. Crianças negras assistem à televisão durante mais horas do que seus colegas brancos. Em um único dia, sabe-se lá quantas mensagens recebem de que preto é ruim e branco é bom. Uma expressão comumente aceita de racismo internalizado, que a maioria das pessoas negras acolhe de modo passivo, é a suposição de que qualquer pessoa com pele clara e mulheres com cabelos lisos e longos têm mais valor e importância, bem como mais probabilidade de obter sucesso. Observando todas as revistas *Jet* publicadas em 2011, é possível contar nos dedos o número de mulheres negras com cabelos curtos e/ou naturais.

Muitos brancos desavisados que observam do lado de fora expressam com frequência a opinião de que as pessoas negras são muito obcecadas por raça e racismo. No entanto, o ponto de vista deles é meramente um reflexo do privilégio branco — que lhes permite permanecer em negação quando se trata do impacto que a socialização racista maciça tem sobre o povo negro. Os brancos sem dúvida continuam no controle da mídia televisiva, que é de longe o porta-voz propagandístico mais acessível para a supremacia branca. E é ainda mais fácil para os brancos não esclarecidos permanecer ignorantes acerca das inúmeras maneiras em que o pensamento supremacista branco socializa pessoas negras ao fazê-las acreditar que a raça é o aspecto definidor mais importante da identidade negra. Logo, é quase impossível para pessoas negras que internalizaram essas crenças simplesmente ir além da raça.

No entanto, podemos optar por viver de maneiras que nos ofereçam um foco de vida diferente. E a maior estratégia para mudar a fixação de qualquer pessoa na raça é o envolvimento total com a prática do amor. Pessoas negras escravizadas religiosas encontraram um caminho para uma teologia da libertação que afirmava seu direito de resistir à escravidão e ao rebaixamento à cidadania de segunda classe, reivindicando valores humanizadores em meio à desumanização e ao holocausto. Pessoas negras na contemporaneidade devem trabalhar para seguir esse exemplo. Devemos trabalhar para descolonizar nossa mente, para que possamos pensar e agir livremente. Ao descolonizar nossa mente para que o pensamento e a ação da supremacia branca não tenham lugar em nossa vida, devemos prestar muita atenção na autorrealização. Devemos ousar amar. Devemos reconhecer o amor como a prática transformadora que nos libertará em corpo e mente.

Comecei a escrever sobre amor quando vi nitidamente como a baixa autoestima mantinha muitas pessoas negras atoladas no auto-ódio. Palestrando no mundo todo, descobri, por meio de conversas com pessoas que descolonizaram a mente, que muitas vezes elas iniciavam essa mudança devido a profundos sentimentos de amor. Pode ser amor por outra pessoa ou amor pela justiça. De modo muito significativo, sempre era o amor que criava a motivação para uma profunda transformação interna e externa. O amor era a força que capacitava as pessoas a resistir à dominação e criar novas formas de viver e estar no mundo.

De fato, no primeiro livro da minha trilogia do amor, *Tudo sobre o amor*, afirmei repetidas vezes: sempre que fazemos o trabalho do amor, fazemos o trabalho de acabar com a dominação. O amor é uma combinação de cinco fatores: cuidado, compromisso, conhecimento, responsabilidade e confiança. Desenvolvendo essa ideia, eu dizia aos leitores que imaginassem que queriam assar um bolo, mas os ingredientes principais estavam faltando. Simplificando, sem que todos os ingredientes essenciais trabalhem juntos, não se pode alcançar o fim desejado. O mesmo vale para o amor. Sem os ingredientes essenciais trabalhando juntos, não podemos nos dedicar totalmente à prática do amor. Com muita frequência, na nossa sociedade, as pessoas equiparam cuidado com amor. Esse mal-entendido sobre a natureza do amor permite que pensem que podem ser amorosas mesmo quando estão envolvidas em atos de autotraição, mesmo quando magoam e até abusam de indivíduos com quem estão envolvidas emocionalmente. Amor e abuso são antitéticos. Não podemos abusar de alguém e insistir que o amamos. O abuso tem sempre a ver com abandono. Não podemos dominar alguém e insistir que estamos sendo amorosos. E, o mais importante, se amamos a nós mesmos, não nos deixamos dominar. Autoafirmação e autoestima saudáveis sempre nos darão a força pessoal para estabelecer limites apropriados.

Para uma pessoa negra na cultura supremacista branca, tornar o amor-próprio primordial é uma escolha que envolve o indivíduo automaticamente em uma resistência política contra-hegemônica. Infelizmente, muitas pessoas negras são incapazes de amar porque o poder do racismo internalizado convida à traição constante de si. Insisto em dizer: quando os pais permitem às crianças negras consumir horas e horas de programas de televisão que transmitem secreta ou abertamente a mensagem de que a identidade negra é negativa, eles põem os filhos em risco. Apesar das boas intenções, não estão proporcionando uma base positiva para o crescimento pessoal dessas crianças. Os pais podem oferecer verbalmente ideias positivas sobre a negritude, mas sua voz tem pouco peso diante da grande mídia. Esse é apenas um exemplo do modo como o povo negro é forçado a viver uma vida esquizofrênica, mantendo sempre uma consciência dupla.

Muitas das formas como as pessoas negras são socializadas para ter sempre uma mente dividida dizem respeito à imagem corporal. Uma vez que a cultura dominante da supremacia branca e o privilégio branco que ela institui determinam padrões de imagens corporais aceitáveis, de beleza, as pessoas negras podem condenar o racismo, por um lado, e, por outro, esforçar-se para atender aos padrões desenvolvidos por uma mentalidade racista. Recentemente, o foco da cultura popular na obsessão de mulheres negras por possuir cabelos longos e lisos expôs a baixa autoestima subjacente que com muita frequência alimenta essa obsessão.

De modo significativo, não há grande abundância de teoria que fale da luta que deve ocorrer — tanto no nível psicológico interpessoal quanto no político — para que as pessoas negras construam uma autoestima saudável. Uma questão central enfrentada por pessoas negras é se devem ou não ser cúmplices da cultura supremacista branca existente ou resistir, escolhendo criar, de modo ativo, uma visão de mundo alternativa que defenda a autoavaliação honesta e o crescimento pessoal positivo. Para serem pessoas íntegras, para não se envolverem em intermináveis atos cotidianos de autotraição, as pessoas negras podem escolher amar. Essa escolha automaticamente negará compromissos com o pensamento e a prática da supremacia branca. Em seu livro inspirador *Love and Betrayal* [Amor e traição], o terapeuta John Amodeo explica:

> Para viver com integridade, temos que descobrir os valores que nos são caros e nos perguntar periodicamente se estamos vivendo de acordo com esses valores da melhor maneira possível. [...] Uma vida íntegra também nos pede que questionemos nossas crenças e pontos de vista.

Para viver com integridade, repito, as pessoas negras devem estar dispostas a ser criticamente vigilantes.

Quando a segregação racial era a norma e as pessoas negras enfrentavam diariamente discriminação racista absoluta e assédio constante, era mais fácil para todos resistir às ideologias da supremacia branca, sem dúvida. Foi somente por meio de atos de resistência antirracista que as pessoas negras puderam ter esperança de obter direitos civis e acesso a uma vida melhor. A vigilância crítica em um mundo de apartheid racial era necessária, pois as circunstâncias que as pessoas negras enfrentavam eram frequentemente ameaçadoras à vida. Quando a integração racial ofereceu mais maneiras de o povo negro prosperar dentro da cultura existente de dominação, essa vigilância crítica começou a desaparecer. A assimilação na estrutura social existente, em vez da resistência contra-hegemônica, tornou-se a ordem do dia.

A dessegregação racial não significou a alteração radical das estruturas filosóficas subjacentes do pensamento supremacista branco. Na realidade, para manter esse sistema, tais estruturas foram aprofundadas. A integração sem nenhuma mudança real na estrutura subjacente da supremacia branca pôs as pessoas negras em posições de extrema vulnerabilidade emocional. Para trabalharem para os brancos, para serem consideradas aceitáveis por esse grupo dominador, as pessoas negras foram compelidas a parecer e agir de maneiras que não ameaçavam o poder e o privilégio dos brancos. Essa é a realidade social que estabeleceu as bases para a saúde mental precária das pessoas negras. Tal cenário incentivou o cultivo de uma mentalidade esquizofrênica. É essa divisão que o poeta do Renascimento do Harlem, Paul Laurence Dunbar, proclama em seu famoso poema "We Wear the Mask" [Nós usamos a máscara], que começa com o verso "usamos a máscara que sorri e mente".

Considerando os dilemas psicológicos que indivíduos negros enfrentam em uma cultura de dominação supremacista branca, deveria haver grande abundância de literatura teórica e de autoajuda com o objetivo de estabelecer as bases para a construção da autoestima e do amor-próprio saudáveis. No entanto, é raro encontrarmos em nossa cultura um trabalho que examine criticamente o impacto psicológico da autotraição na psique das pessoas negras. Quando as pessoas negras passam a vida usando uma máscara para sobreviver e ter sucesso na cultura da supremacia branca, violentamos nosso eu autêntico. Não conseguimos saber quem realmente somos.

Essa mente dividida promove um foco cada vez mais exagerado nas questões raciais e no racismo na vida negra. Ela também cria as bases para o cultivo de uma identidade fundamentada unicamente em se ver sempre e apenas como vítima. John Amodeo afirma que nos tornamos pessoas íntegras quando nos movemos em direção à plenitude, "quando tomamos a iniciativa de olhar honestamente para nós mesmos e nos conhecermos como realmente somos". Ficar preso em uma consciência de vítima cria uma paralisia da vontade que inibe o crescimento pessoal. Sem uma base de autoestima saudável, não podemos nos tornar pessoas íntegras. Amodeo nos lembra que

> a integridade se refere a uma orientação de vida por meio da qual nos comprometemos a nos tornar mais autoconscientes e apropriadamente mais sensíveis em relação aos outros. Em vez de culpar os outros [...], trocamos nosso papel de vítima pelo papel de adulto responsável, que seleciona e aproveita o aprendizado inerente a toda experiência de vida [...], por mais desagradável que ela possa ser.

Para a autodeterminação e a autorrealização negras, é essencial desafiar e eliminar o ethos de vitimização. Escolher amar é uma maneira de resistir a qualquer noção de ser vítima. Ao amarmos de maneira ativa, recusamos a consciência da vítima. A prática do amor sempre exige de nós o reconhecimento constante de nosso valor e de nossa importância essenciais.

Para nos valorizar corretamente, somos convocados a ir além da raça. Somos chamados a reconhecer que a etnia e a cor da pele são apenas um fragmento de uma identidade holística. Enfatizar excessivamente ou habitar patologicamente esse único fragmento bloqueia a autoconsciência e o autoconhecimento. Para nos conhecermos além da raça, além dos princípios da lógica supremacista branca, devemos sempre abraçar a plenitude que é o fundamento necessário para viver com integridade.

Ao abraçarmos o poder transformador do amor, aceitamos a plenitude de nossa humanidade, o que nos permite reconhecer a humanidade de outros. Junto desse reconhecimento, podemos adotar uma prática de bondade, perdão e compaixão. Em *With Open Hands*, Henri Nouwen compartilha que "compaixão é ousar reconhecer nosso destino mútuo, para que possamos seguir em frente todos juntos". A reciprocidade é formada por meio de um entendimento compartilhado do que significa amar.

Engajar-se na prática do amor é se opor à dominação em todas as suas formas. Amar nos levará necessariamente para além da raça, além de todas as categorias que visam limitar e confinar o espírito humano. A dominação nunca terminará enquanto formos ensinados a desvalorizar o amor. Em seu livro *A idade dos milagres*, a pensadora visionária Marianne Williamson nos encoraja a escolher amar. Ela compartilha a seguinte visão:

Os milagres ocorrem naturalmente na presença do Amor. Em nosso estado natural, somos esses obreiros de milagres porque somos a manifestação real do Amor. Falar sobre uma transformação pessoal, uma viagem desde o medo até o amor, não é necessariamente um exercício narcisista. [...] É o mais importante componente de nosso trabalho de recriação da sociedade humana que vai afetar o curso da história.

Para abraçar completamente o poder transformador do amor, precisaríamos passar pela revolução de valores que Martin Luther King convocou antes de sua morte prematura.

Se reuníssemos toda a crítica cultural e a teoria crítica sobre supremacia branca, branquitude, raça e racismo, encontraríamos nesse imenso corpo de trabalho pouco ou nenhum foco no amor. No entanto, toda a nossa teoria explicativa desconstrutiva não tem sentido se não estiver enraizada no reconhecimento de que o protesto mais fundamental contra a dominação é a escolha de amar. O amor como modo de vida torna possível que todos vivamos humanamente dentro de uma cultura de dominação enquanto trabalhamos pela mudança. A natureza radical do amor vem do fato de que ele é profundamente democrático. Independentemente do nosso status e de nossa posição na vida, podemos escolher o amor; podemos optar por deixar o pensamento dominador para trás.

O amor nos move para além das categorias, e aí reside o seu poder de libertação. Livres para amar, somos livres para ser nosso eu autêntico. Livres para seguir o caminho que nos afasta da dominação e em direção a uma vida nova de bem-estar máximo. Somos livres para pensar, escrever, sonhar e viver além raça.

bell hooks nasceu em 1952, em Hopkinsville, então uma pequena cidade segregada do Kentucky, no Sul dos Estados Unidos, e morreu em 2021, em Berea, também no Kentucky, aos 69 anos, depois de uma prolífica carreira como professora, escritora e intelectual pública. Batizada como Gloria Jean Watkins, adotou o pseudônimo pelo qual ficou conhecida em homenagem à bisavó, Bell Blair Hooks, "uma mulher de língua afiada, que falava o que vinha à cabeça, que não tinha medo de erguer a voz". Como estudante, passou pelas universidades Stanford, de Wisconsin e da Califórnia, e lecionou nas universidades Yale, do Sul da Califórnia, no Oberlin College e na New School, entre outras. Em 2014, fundou o bell hooks Institute. É autora de mais de trinta obras sobre questões de raça, gênero e classe, educação, crítica cultural e amor, além de poesia e livros infantis, das quais a Elefante já publicou *Olhares negros*, *Erguer a voz* e *Anseios*, em 2019; *Ensinando pensamento crítico*, em 2020; *Tudo sobre o amor* e *Ensinando comunidade*, em 2021; *A gente é da hora*, *Escrever além da raça* e *Pertencimento: uma cultura do lugar*, em 2022; *Cultura fora da lei* e *Cinema vivido*, em 2023.

Título original:

Writing Beyond Race: Living Theory and Practice, bell hooks

© All rights reserved, 2013

Authorised translation from the English language edition published by Routledge, a member of the Taylor & Francis Group LLC.

Primeira edição, junho de 2022

Primeira reimpresssão, novembro de 2023

São Paulo, Brasil

Dados Internacionais de Catalogação na Publicação (CIP)

Angélica Ilacqua CRB-8/7057

---

hooks, bell, 1952–2021

Escrever além da raça: teoria e prática / bell hooks; tradução
de Jess Oliveira. São Paulo: Elefante, 2022.
308 p.

ISBN 978-65-87235-93-6

Título original: *Writing Beyond Race: Living Theory and Practice*

1. Negros – Estados Unidos 2. Racismo – Estados Unidos
3. Negros – Segregação I. Título II. Oliveira, Jess

22-1855   CDD 305.38

Índice para catálogo sistemático:

1. Negros — Estados Unidos

---

elefante

editoraelefante.com.br

contato@editoraelefante.com.br

fb.com/editoraelefante

@editoraelefante

Aline Tieme [comercial]

Samanta Marinho [financeiro]

Sidney Schunck [design]

Teresa Cristina Silva [redes]

fontes H.H. Samuel e Calluna
papéis Cartão 250 g/m² & Pólen Natural 70 g/m²
impressão BMF Gráfica